台南甜不甜

米果——著

前言

台南到底甜不甜

每次被問到台南甜不甜？總是先想到台南人的脾氣。

出身京都的哲學教授鷲田清一在他的著作《京都の平熱》寫過這段話：「大阪人實在很清楚怎麼打擊京都人。」

我覺得外地人也很清楚怎麼打擊台南人，尤其評論台南東西很甜這一點，真是毫不留情。

台南人對於台南甜也有很多看法，譬如我也覺得小卷米粉過甜，喝手搖飲料通常選擇無糖，甚至不愛甜食，因此聽外地人說台南人嗜甜，不知為何，總覺得被誤解。

吉卜力電影製作人鈴木敏夫曾經談到宮崎駿跟高畑勲這兩位動畫大師的交情，宮崎駿說，只有他和鈴木先生能說高畑勲的壞話，絕對不允許其他人這麼做。鈴木敏夫認為，宮崎駿對高畑勲的感情複雜到第三者絕對無法理解，這是他表達敬意的方式。

會不會是因為台南人對台南的感情複雜到第三者絕對無法理解，只有我們可以拿台南甜來自嘲，絕對不允許其他人斷言台南甜就只是為了甜而甜。

這麼一來，我跟這個問題達成和解了。

再被問到台南食物是不是真的很甜時，已經進入也可生氣也可平靜的程度，既然可以平靜，那就不必生氣了。

我以為食物好吃，是因為留著記憶，有故事，有美好，或有傷心，可能還有些遺憾。鷲田清一也說：「味覺這種事，深深牽扯到一個人的過往，所以誰也沒有資格批評別人愛吃什麼。」我認為所謂的過往，就是與滋味共處的那個瞬間所留下的記憶。

會不會他們問台南甜不甜的用意，其實是在探測台南人的脾氣。有許多初見當時難懂的眉眉角角，總合起來就是外表好似冷漠但內心靦腆溫潤，真的想要深交就會做到一輩子交陪的程度，不只交往，還要陪伴，不管榮華富貴或是清貧如水。

這不是一本辯解台南甜不甜的書，這是我跟食物滋味相處的記事，畢竟味覺這種事，深深牽扯到一個人的過往，我只是把這些過往書寫下來，以文字醃漬或風乾，等老的時候，可以下酒。

contents

第二章・食哲學

第三章・吃四季

第四章・下廚趣

第五章・食光機

第一章・台南甜

Chapter 1

比起牛肉湯，台南人可能更愛鮮魚湯

關於台南人早餐吃牛肉湯這個傳聞，已經變成外地觀光客與本地台南人不斷爭辯的話題。在我的父系家族，起碼在台南生活超過五代以上的吃食經驗裡，沒有牛肉湯這個選項。最早來到台灣的開基祖據說是養蚵，後來約莫都是務農，到了阿公這一輩才兼做總鋪師的採買跑腿，到了父親這一代，就投入紡織業。但無論如何，牛是犁田的重要夥伴，如同家人一樣的關係，聽說戰時跑美軍轟炸的空襲警報時，連家裡耕田的牛都要照顧到。不要說牛肉湯了，如果敢在長輩面前提到吃牛肉，大概會被拿竹掃把追著打吧！

早餐吃牛肉湯的習慣，最早或許侷限於城內小範圍，再因為美食旅遊導覽的推波助瀾，好像成為觀光客必吃。除了牛肉湯，還有虱目魚粥，但是觀光客很認命排隊的名店，多數台南人可能都沒吃過。因為對台南人來說，虱目魚粥有很強的地域性，大家還是習慣吃住家附近的虱目魚粥，不必排隊，生意適度，可以堅持下去，就有感情。而且說真的，上班上學都很匆促，早餐店或便利商店的飲料三明治組合，說不定還比較普遍。

比起牛肉湯，台南人或許更常吃鮮魚湯。

以我在台南與台北兩地生活的觀察看來，台南人喜歡吃鮮魚湯的程度，真是完勝台北人。應該是台南養殖魚塭多，吃魚的嘴也很刁，「蹭魚刺」的工夫都不錯。在傳統的「飯桌仔」用餐，不管是肉燥飯還是「白飯攪鹹」，配上小碟子分量的青菜、筍絲、香腸、滷蛋、滷丸、白菜滷、虱目魚頭，或來一尾鹹水吳郭魚，最後總要搭配魚皮湯魚肚湯或是魚丸湯收尾。

也有很多主打鮮魚湯的小店，也不只賣魚湯，其他品項琳瑯滿目，寫滿一整面牆，甚至還有熟客才知道的隱藏版。但點菜還是習慣先決定魚湯，到底選魚肉還是魚頭，薑絲清湯還是味噌，決定了魚湯之後，再考慮飯和配菜。這類賣魚湯的小店多數不在觀光熱區，而是分布在大街小巷或鄰近菜市場。吃魚湯配飯菜，或是魚湯外加一碗蒜頭醬油乾拌麵線，是很庶民的三餐選項。沒錯，三餐都適合。只是有些店從清早賣到中午，有些店做中餐和晚餐的生意，有些店則是傍晚才開始營業，做到宵夜收尾。照例是備料多少做多少，賣完就洗鍋刷地熄燈休息了。

常做魚料理的人都知道，最新鮮的魚才有辦法煮湯或清蒸，稍差的抹鹽巴乾煎，快要不行的就炸過做成糖醋，所以拜拜三牲的那尾魚，因為要擺在外頭的桌上風吹日曬，所以都先炸過，等到拜拜完，再做成糖醋五柳枝，是這樣的道理。

因此做魚湯生意的，第一重要就是魚要夠新鮮，開店之前，老闆要花時間把魚肉切成恰好的薄片，魚頭也要處理成筷子容易夾取的大小，魚骨就先放進大鍋熬煮當湯底。切好的魚片魚塊整齊排在鋪滿碎冰塊的透明冰櫃裡，每家魚湯有每家堅持的工夫，那些鮮魚片或魚頭擺在碎冰上面，就是一種戰力宣告，猶如自信的總教練交出先發名單一樣驕傲。

我看過做魚湯生意的店家，開店前的準備工夫就像馬虎不得的熱身儀式，老闆繫著深色防水圍裙，或穿著及膝黑色雨鞋，拿著長刀，俐落處理魚骨魚片魚頭的專注身手，彷彿日劇《醫龍》的外科手術那樣專注。即使只是路過，都會被那種強大的職人氣場震撼到，好幾次還因此踢到店家尚在準備營業還未擺好的桌椅。

鮮魚湯都是現點現做，單柄鍋，舀一杓魚骨熬出來的湯底，開大火，趁著沸騰的那幾秒，快速放下魚片或魚頭切塊，大杓子拌個一兩下，以鹽巴、薑絲、米酒調味，或快速拌入味噌，隨即熄火裝碗。快煮的魚肉口感最好，湯也夠鮮，完全吃不出腥味，只有魚的鮮甜。台南人嗜吃魚頭，因為有軟嫩的膠質與鰓邊肉跟魚眼睛，有些賣鮮魚湯的菜單裡，魚頭湯甚至比魚肉湯還要貴一點點。

很多賣魚湯的店家沒有冷氣空調，冬天還好，夏天要是超過三十幾度的正午，老闆就那樣站在熱鍋前面烹煮，客人也坐在沒有空調的店內或騎樓喝熱騰騰的魚湯，完全地硬碰硬。

我家附近有一間沒有特別裝潢，也無冷氣空調的魚湯店，好幾年了，不管是內用還是外帶的人潮不斷，生意好得不得了。後來相隔幾個店面開了一家標榜有冷氣空調的魚湯對手，價格當然貴一點，原本以為老店到了夏天的生意可能受到影響，或因此改裝，然後再將成本反映到定價，沒想到，老店不動如山，客人照樣揮汗捧場。因為群聚效應，兩家的生意都不錯，消費者各取所需，也算雙贏。但一段時間之後，有冷氣的魚湯店搬走了，沒冷氣的魚湯店照樣生意爆好。

比起牛肉湯，我覺得鮮魚湯在台南飲食版圖的密度更高，而且是被觀光客低估的隱藏版戰力。到台南散步、睡午覺之外，去街邊小店吃鮮魚湯配碗白飯，也是很在地的台南味啊！

我所理解的「台南甜」

對於台南的「甜」，越來越常出現挖苦或玩笑式的嘲諷，而且不少人評論起來，好似台南飲食就只剩下孤一味，除了甜，沒什麼特色，或說食物偏甜，是為了炫富。

我對此類說法，雖還不到生氣的地步，但感覺有點疲乏跟無奈，疑惑了好些時日，最近終於悟出些許道理，如果只吃到表面的甜，卻嘗不到內裡的甘，確實會以為吃出台南料理僅僅的甜味，就急於下定論，實在有點可惜。

我所理解的「台南甜」，應該是來自家庭餐桌菜色的啟蒙，很小就知道一種調味方法，叫做「豆油糖」，譬如酸味很夠的「醃瓜脯」，雖然近似於「西瓜綿」，但顏色不像西瓜綿那麼青，而是接近於鹹菜那種黃。料理的時候，要將醃瓜脯垂直剖開，挖掉中間的籽，再切成薄片，擠出酸水，然後用蒜頭、醬油、糖拌炒。我不知道其他台南人家的餐桌上，有沒有這道菜，在我家倒是很受歡迎。這種用醬油加糖的「豆油糖」作法，也用在炒豆干、豆腸，搭配薑絲也很對味，譬如將乾香菇泡軟，切絲，先用熱油炒薑絲和香菇絲，加上「豆油糖」調味，以前初一十五跟著大人吃素的時候，這道菜就經常出現。

母親想不出便當菜色的時候，就做「豆油糖」炒三層肉，偶爾我們也會點菜，來一盤「豆油糖」的什麼什麼，譬如小卷、蝦仁，似乎海鮮類也可以。

台南的羹料理做得特別好，而羹湯之所以美味，除了善用勾芡的工夫，還必須呈現甜酸比例的黃金到位，倘若只有酸或甜，都覺得少一味。吃辣的人，可以添少許白胡椒粉，或少許辣油。而甜味的來源，可能是大骨熬煮的湯底或柴魚扁魚的貢獻，也有來自海鮮的甘甜，譬如鰻魚、魷魚、蝦仁、小卷，有時也靠香菇、髮菜、胡蘿蔔、金針、木耳、竹筍或菇類那種比較低調的甜，或辛香類如九層塔、香菜，在起鍋之前投入羹湯，靠溫度融合出來的那種絲毫不衝突的甜味。即使添加少許糖來提味，比例也不太可能凌駕食材原有的甜，各種不同型態的甜味是有層次的，入喉之後，那滋味會在舌根深處，出現回甘的反芻，也才有辦法吃出真正的「台南甜」。而嚴格說起來，那是「甘」，因為甜是表面，倘若有心，又不狼吞虎嚥，才有辦法吃出內裡的「甘」。吃食是需要培養感情的，過於倉促，又不給齒頰留點回甘的空間，就只是吃飽而已。

如果不是勾芡的羹，而是清湯，也不全然是清湯表面那兩字的意思而已，雖然「清」，但是清得有滋味的層次，那就更需要料理的功力。譬如魷魚螺肉蒜，走的是清湯路線，但湯裡包含了魷魚的甜，青蒜的甜，豬肉絲的甜。小時候在阿嬤家吃的魷魚螺肉蒜，應該是用拜拜燙過三層肉的熱水當作湯底，濾掉表面油泡，那滋味又更深一層，雖是清湯，甘甜還是有層次，不是加糖的那種孤味。若是鹹菜蚵仔湯，光是鹹菜的鹹酸甜，配上新鮮蚵仔的鮮甜，簡直是甜的夢幻層次。又如那些以中藥材燉的補湯，大量的紅棗枸杞黃耆與參鬚，或者是冬蟲夏草或何首烏之類的，不管是雞湯、花跳、鰻魚，還是台南人很喜歡的當歸鴨，多少都有藥材的甜味，那又是另一種甜的表現。

像鱔魚炒麵這種料理，原本就是靠蔥蒜洋蔥大火快炒，再透過酸甜調味，少了甜，就不是鱔魚炒麵。否則你跟炒鱔魚的老闆要求一盤沒有甜味的，恐怕吃了都會覺得哪裡不對勁。就好像五柳枝的作法，基本上就是糖醋的精神，糖醋的調味概念，也不只台南，什麼地方的料理都有。

小時候很常看傅培梅老師在台視頻道教人做菜，她也很常在料理起鍋之前，添少許糖，說那是提味。有了那少許糖，其他的鹹甘苦酸，會變得更明顯，畢竟被「提了上來」了。我聽過台北的朋友說他們家裡炒青菜會放一些糖，我家倒是沒有這習慣，連味精也已經戒了許多年。

也有人開玩笑說，台南大概沒有半糖或少糖的飲料吧！或許應該這麼說，在現在滿街連鎖手搖飲料店出現之前，譬如紅茶、冬瓜茶、青草茶、蓮藕茶、楊桃湯這類老派茶飲，都是由各店家特調的甜度，多數也都是整桶冰鎮，沒有全糖半糖少糖無糖和冰塊多寡的選擇，直到現在，台南一些老店，也都是這樣的備料程序。我家附近有一間紅茶老店，向來都只提供兩種甜度，單純喝紅茶就給適中甜度，添加鮮奶的就給重甜的，老闆甚至連茶奶的比例都堅持跟客人交代清楚。只是這麼固執的紅茶老店，因為店家主人年紀大了，已經喝不到甜度迷人的紅茶了。

任何地方都會有愛吃甜跟不嗜甜的人，某些料理呈現出來的味道原本就有其脈絡，可能源自於食材的總和表現，也可能來自調味的規矩。身為台南人，對於一再被問到這個城市的味道是不是偏甜，應該已經不想辯解了，呈現一種「隨便吧，你們愛怎麼講都無所謂」的放空狀態了。

台南滋味裡的鹹酸甜

小時候，家裡偶爾會收到神祕的蜜餞禮盒，那時候我們也不說那是蜜餞，蜜餞是很後來很後來才知道的說法，到底有多後來，大約是高中或大學之後吧！總之，乾的話梅是鹹梅仔，濕的蜜餞叫做鹹酸甜，台語發音。

至於鹹酸甜禮盒，其實只是個扁扁的紙盒子，大概A4大小，紙盒蓋子是透明塑膠紙，可以看到裡面的鹹酸甜種類，因為裝填得很扎實，各種類的鹹酸甜都被壓得扁扁的，汁液會滲入盒子底層，硬紙盒底算厚，不至於滲出來，但仔細想想，可能盒底還鋪了一層透明塑膠紙吧。總之，那鹹酸甜禮盒一旦進入家裡的餐桌，總是大受歡迎。

紙盒裡的鹹酸甜，有數種分類，顏色繽紛，嚼感濕潤。我最愛的是無核化應子，大人比較喜歡甘草橄欖，烏梅的味道有股酒味，螢光綠長條狀的是芒果青，還有一種黃色細絲狀的、不知道原料為何，也不曉得該怎麼稱呼，有點黏度，滋味和嚼感都很微妙。

吃鹹酸甜當然要用手指捏來吃，吃過之後再用舌頭舔乾手指，古早的童年沒有肯德基炸雞，所謂的吮指應該就是用來形容吃完鹹酸甜的收尾吧！

那時冰果室賣的四果冰，倒不是四種水果，而是剉冰上面鋪滿蜜餞，淋上糖汁。蜜餞跟剉冰的口感特別搭，我去冰果室向來都指名四果冰，那時在台南青年路與勝利路口有間「東海園」，每次被大人帶去一家叫做「金龍」的男士理髮兼做女士燙髮的地方剪完頭髮，就可以過馬路去東海園，得到一碗四果冰當作獎賞。直到考上台南女中，才開始在城內的「迦南」吃紅豆牛奶冰配鍋燒雞絲麵，至於台南女中學生常去的「莉莉」和「小豆豆」，大概是畢業多年之後才去吃過一次，回想我的高中三年，到底是出了什麼問題啊，竟然錯過那兩間名店。

可能是從小受到鹹酸甜這三種滋味的洗禮，鹹中帶酸又帶甜，看似衝突卻能衝撞出特別的滋味，每每聽聞別人評論台南人吃什麼都加糖的時候，我也只能嘴角一抹神祕笑意，這種滋味，其實是很深奧的啊！

另有一種鹹酸甜，是羹湯的鹹酸甜。

吃路旁的總鋪師筵席，最愛的就是那盅魚翅羹，鹹酸甜的滋味都全了。

那魚翅羹上桌的時機又比雞湯來得討喜，魚翅羹上場時，大抵才吃過冷盤或婚宴的百年好合炸湯圓，如果是新居落成的宴客就會是白斬雞代表起家，那個階段才剛開胃，魚翅羹端上桌，滿足度當然比吃過紅蟳米糕才上桌的雞湯來得受歡迎。不知為何，羹湯類若無鹹酸甜這御三家的調味，就失色了。我讀台南勝利國小時，有學校官辦跟牛奶阿伯私營的兩處福利社，牛奶阿伯在靠近學校後門的地方搭了間小小木屋，擺了長條矮桌，那裡賣的米粉羹超級美味，鹹酸甜之外，還要撒少許白胡椒粉，我還記得當時用來裝米粉羹的那種寬口的小花瓷碗，好像是大同瓷器的定番花色。

後來吃羹湯的標準就是鹹酸甜的和諧與不容妥協，近幾年在台南東菜市找到很近似童年吃筵席的魚翅羹，店家用大鍋烹煮，再分裝成小包，放涼之後冷凍起來，要吃的時候再加熱，那滋味真是絕好，彷彿重現筵席料理的風華。

要說府城小吃的鹹酸甜代表作，那就一定是鱔魚麵，不過鱔魚麵的價格已經不算是小吃了，屬於豪華經濟艙等級。不管是勾芡牽羹的，還是價格更貴的乾炒，鹹酸甜的平衡感都很重要，欠缺哪一味都不行，很重要的還有熱鍋快炒的火候，我覺得掌鍋者的臂力也很重要，鱔魚要有辦法在熱鍋半空跳起舞來，那才夠本事。

有時候看到鱔魚炒麵過甜的評論，會覺得那人可能沒吃到鹹酸甜各司其職又熱情擁抱的鱔魚炒麵，這三種滋味搭配熱火快炒「嗆」出來的氣味，是鱔魚炒麵的精髓。我吃過很厲害的鱔魚麵，也吃過感覺遺憾的鱔魚麵，說穿了就是滋味，滋味這種東西，多數跟吃得習不習慣有關。大家吹捧的排隊名店也有吃過之後覺得還好，有一次因為工作需要，路過觀光蛋黃區之外的都不曉得是蛋白還是蛋殼區的庶民市場，吃了鐵皮搭起來的小攤炒出來的鱔魚麵，驚為天人，馬上跟在地朋友說了這件事情，他說廢話，內行人才知道的啊，拜託不要說出去。

總之，鱔魚麵的鹹酸甜，應該就是每個店家的神祕武器吧，不要再說台南鱔魚麵也沒什麼厲害，就是甜而已，那你去吃吃看不甜的鱔魚麵，我們說那叫做沒滋沒味。

還有一種鹹酸甜叫做豆油糖。

我家餐桌常常出現台南盛行的黃色醃瓜脯，台北市場看到的通常是淡綠色，台南菜市場常見的是接近螢光黃，除了酸味之外，就是鹹，剖半之後切薄片用來煮虱目魚湯，完全不用調味。另一種作法則是切片之後用力捏去水分跟鹹味，也能增加一些脆度，然後用蒜頭醬油拌炒，起鍋之前加一匙糖，非常下飯，但我是直接捏來當餐與餐之間的零食吃。

豆油糖用在帶著酸味的食材就絕對沒錯，母親也會把酸筍切絲，以炒豆油糖的方式來烹調，筍子夠酸，豆油糖調味的步驟就會更加分。母親其實不是台南人，她到十幾歲才遷居台南，結婚之後掌理廚房，不知道怎麼學來的，可能觀摩了台南鹽分地帶的婆家跟有過台北與廈門等地住居經驗的娘家，平常做菜也不會特意放糖，唯有豆油糖做的酸味料理，特別受到家人歡迎，即使當時還是小孩的我，也不覺得是嚴肅或刺激的大人味。我後來自己做菜，就算不是酸味的食材，也會想用豆油糖的調味方式，譬如嫩薑炒香菇，或嫩薑炒肉絲，薑的氣味跟豆油糖的調味，也是我喜歡的。

要說鹹酸甜的極致，那必然是老派府城人的糖醋五柳枝了。

做糖醋五柳枝，那就真的非鹹酸甜不可。拜拜牲禮之中的那尾魚，通常要先炸過，即使不是裹粉炸過，也要先油煎到外皮酥脆，整尾看起來就很上相。拜拜過後，歷經風吹日曬，就只能朝著糖醋魚的方向料理了。因為步驟繁雜，各種辛香料與必須切絲的食材都很花時間，但是炒料爆香的階段，絕對需要熱鍋大火，醬油米酒用力催下去才行。我家的作法是將炸過或煎過的整尾魚滑進鍋內醬汁之中，讓醬汁入味，加糖加醋勾芡之後才會起鍋，也不知道五柳是哪五柳，做這道魚料理很費工，久久才能吃到一次。小時候全家常去台南中正路上的「小小大東園」打牙祭，吃過那裡的糖醋魚，我們就戲稱糖醋魚是「飯店的魚」。話說回來，好像是很後來才知道飯店的魚是糖醋魚，而府城糖醋魚的升級版是五柳枝啊！

不過還是很懷念小時候那種奔放的鹹酸甜禮盒，不知道當時為何會有饋贈鹹酸甜的禮節。記得大學畢業，開始工作之後的某一年，放假回到台南，突然懷念起這個滋味，騎腳踏車進到城內的蜜餞老店，問他們有那種鹹酸甜禮盒嗎？老闆笑說，很久沒有了耶！那時應該是覺得很殘念吧！

小吃
未必銅板價

小吃往往跟銅板價畫上等號，但小吃的定義是什麼呢？或許每個人對於小吃的期待度不同，我以為的小吃，就是小小地吃一點，不餓就好，類似點心。因為恰好止住飢餓，留下意猶未盡的空間，會覺得特別美味，也就期待下次再來嘗嘗。譬如小小一碗米糕，小小一碗魚丸湯或四神湯，小小一份芋粿，不是吃飽而是吃巧，分量多了，或因為想要吃飽就點兩份，就沒辦法留下回味的空間了。

小吃因為必須符合庶民負擔得起的低價位需求，被迫扛下餵飽普羅大眾的重責大任，漲價就變得很敏感。但支撐得起小吃低價位的條件，往往要犧牲掉某些成本，譬如用的是家庭成員的人工，或是低價的老人工。雖說是小吃，看起來簡單，但程序繁瑣，光是多刺的虱目魚要挑到無刺境界，可不是通過一道機器程序就自然變成無刺了，尤其品質好的虱目魚還需要跟時間賽跑。我認識台南東菜市一位阿嬤級的魚販，自信說她光是手指頭摸過去就知道魚刺有沒有挑乾淨，比外科手術還要強。以前我們會說鹹粥是小吃，但鹹粥也慢慢走出價位分眾的市場。常去買菜買海鮮的人就知道海鮮有多貴，品質好的海鮮更是貴，而海鮮下鍋之前的工夫更是花時間，尤其是多刺的虱目魚，還有清洗浸泡都需要經驗的蚵仔蛤仔，或是雕花雕出工藝美學的透抽小卷魷魚，一碗海鮮鹹粥等同於一部從產地到消費者的經濟路程，包含物料、店租、人工與時間種種成本。我自己在家煮一小鍋鹹粥，光是備料就很花時間，煮一鍋往往要在廚房站上一小時或更久，相當耗體力也耗心力耐力。

台南小吃經常被點名，但很多小吃早已經不在小吃的低價聯盟裡，可能為了讓來店消費的客人有更舒服的用餐環境而必須重新裝潢，在潮濕高溫的天氣裡能夠坐在冷氣房吃著熱呼呼的湯水料理而不會大粒汗細粒汗。也有可能下了重本去改善油煙排氣，添購高溫殺菌的洗碗設備，少了料理台的煙漬污漬好似少了市井小吃的原味，但是在講究衛生環保的現在，外食環境若要改善，每個細節精算起來都要花錢，畢竟水溝旁的水龍頭底下架著澡盆一樣的鐵桶用來洗碗筷餐具的時代已經過去了。以前我也很愛銅板價小吃，有過一次蟑螂從桌面爬過，另一次夾起滷豆干的同時，瞧見老鼠從腳邊經過，尤其經歷過大疫情時代，乾乾淨淨的店面的確會讓人感覺安心。

台南不少小吃店家，長年以來是拿店家老闆的健康來對抗物價高漲的。老家附近恰好有一排小吃戰區，清蒸肉圓、米糕、鍋燒麵、當歸鴨、四神湯、牛肉湯、鱔魚麵、碗粿、羊肉爐……騎樓連著騎樓連成一氣。某日聽其中一個店家老闆提起，哪家的老闆肝不好，哪家的老闆長年炒麵炒到脊椎變形，小孩願意接班就繼續撐下去，要不然這一代做不下去就關店了。其中一家倒是有外來的年輕人跑來跟老闆學習，經歷一段時間交接，老闆確認沒有走味，店面就頂給年輕人了，也算是另種傳承。

最近在東寧路發現一間筒仔米糕，媽媽是米糕達人，兄妹兩人學設計，把老店面改裝，工作室兼賣媽媽的手作米糕，可以單點也可以搭配湯品冰品外加小菜成為一個套餐，送上來的餐盤都是獨一無二的藝術作品，價格略貴一點，但用餐環境稱得上舒適，傳統小吃跟設計圈共構出新方法，在台南的例子不少。我認識另一個平面設計師，家裡是觀光城有名的雪乳冰老店，融入設計理念之後，也有周邊商品如購物袋跟 T 恤販售，後來在夜間營業的友愛市場開起分店 2.0 的夜食堂，少年頭家若是被設計案淹沒的時候還會公告店休。這些都算是台南小吃界的轉型，上一代靠經營小吃培育下一代，下一代用自己的專業讓上一代的小吃事業走出新格局，小吃的背後有孝順父母的心意，有故事的小吃變成一種新滋味。

既然是商業市場，自然就會做出分眾，成本反映在售價上，本來就是商家與客人之間彼此取捨的規則，小吃要是做出國宴等級的精緻，當然有權利決定他們得以合理經營下去的價位，若因此嚇跑客人，那也是他們做出決定之後必須承擔的結果。如果是為了穩定的品質而不得不漲價，真心喜愛且體恤的熟客，還是會留下來。但請不要再有小吃一定是銅板價的刻板印象了，做得好吃的小吃，從原料成本到人力成本與開店成本，都不容易啊！

鹹粥是確幸

幾年前有則新聞報導提到一件勞保給付爭議，過程大致就是下班途中去吃鹹粥的員工發生車禍，到底該不該給付？判決書當中，法官指出鹹粥是台南人的小確幸，似乎在網路引起不少迴響。

我十分理解並同感法官指出鹹粥是確幸這件事，在我的成長歷程中，早餐吃白粥是日常，吃鹹粥必然是為著什麼值得慶賀的事情，或不是慶賀，而是因為入手新鮮好吃的食材，就決定把鹹粥這種看似普通卻帶有澎湃喜悅的料理端上桌。稱不上豪華，可貴的是烹煮料理的心意，母親突然煮了一鍋鹹粥，是可以讓餐桌沸騰起來的大事。

早餐吃粥似乎是從阿公阿嬤那輩就有的習慣，但是聽說他們早先還下田耕作時，早餐也有吃乾飯的習慣，但我開始有印象以來，他們就是吃白粥配醬瓜或花生偶爾也有豆腐乳，有時候配一小塊鹽巴乾煎的土魠魚或虱目魚，總之有個鹹的配菜，白粥就很好吃了。阿公嗜甜，有時一碗白粥，攪一湯匙白糖，端到簷廊下的矮凳子坐下，稀哩呼嚕就吃光了，也聽過他吃白粥配鳳梨，總之是很任性的老人家。

白粥稍微升級，就跟地瓜剉籤一起煮，剉籤的難度很高，手一滑，很容易就剉到手，剉到最後剩一小塊的時候，也就越容易受傷，乾脆不剉了，餘下那一小塊就丟進粥裡面煮，有一陣子，小孩們都搶那塊最後的地瓜，後來母親索性就煮切塊的地瓜粥了。

開始上學之後，母親怕我們吃粥容易餓，就改吃西式早餐。大致就是吐司、荷包蛋、煎豬肉片，搭配清早從牧場直送的玻璃瓶裝鮮奶。只是到了週日，時間較為從容，就吃白粥配醬瓜豆腐乳與花生麵筋，偶爾會出現的配菜是薑絲豆油糖炒香菇，有時候也煎一小塊日本舅媽帶回台灣的鹹魚。用大鍋煮的生米白粥最好吃，以大火煮到滾，熄火之後，蓋上鍋蓋用餘溫燜，水分收得恰好，還看得到米粒晶亮模樣。雖然像廣東粥那樣的白滑黏稠程度也是粥的一種表現，但我家習慣的白粥，還是盡量保持米粒口感，但那又跟飯湯不同，雖然在外頭飯桌賣的粥，很多是直接舀米飯進去小鍋再用大火煮滾，感覺起來是比飯湯的口感軟一些，但又比真正的粥來得粒粒分明，不知道這樣解釋有沒有點出其中的差別。

父親家族已經在台南生活好幾代了，母親雖然在戰時的台北城出生，空襲疏開到桃園鄉間，自海湖國校畢業到台南紡織廠工作，也算資深住民，早就是嘴刁的台南人了。他們對於稀飯的米粒很計較，很介意米心有沒有煮透，也很在意入口的黏稠度。以前母親掌廚的時候，很少栽在稀飯這個關卡，就連在假日晚餐時段上桌的鹹粥，準備起來也很費時費工。我家常吃的鹹粥是菜豆稀飯，要先爆香紅蔥頭跟蝦米，菜豆切成段，加入醬油稍微炒過，再將配料倒入鍋，跟白米一起煮透，最後熄火蓋上鍋蓋燜一段時間，何時掀鍋放涼，就真的要靠功力跟經驗判斷，我不是很懂之中的訣竅，因為怕失敗，一直不敢挑戰。

最容易的還是做海鮮鹹粥，只要買到當天的虱目魚肚，切成易入口的等分，光是鮮甜的部分就沒問題了。華麗一點的就加蝦仁跟蚵仔，筍子的季節就加筍絲，香菇泡軟切絲爆香做湯底也不錯。若想奢華一下，就加一把小干貝，最浮誇的是一整罐鮑魚罐頭倒下去，但偶爾即可，畢竟成本太高。最偷懶的莫過於高麗菜虱目魚粥，用一人份小鍋子也可以做，幾乎不會失敗。台南鹹粥有時候會放油條，在家裡做鹹粥就沒辦法邀請油條入席，不過母親做魚丸湯的時候，會以醬油當湯底，熄火起鍋之前除了放茼蒿菜，偶爾也會放油條。白粥需要配菜，鹹粥則是以 all in one 的氣勢，不用再特別準備什麼來相添，就已經很足夠。

鄰近菜市場總會有清早賣到正午就收攤的鹹粥，或說是地方型的「飯桌」，不是什麼排隊名店，諸如此類的店家光是做在地人生意就忙得不可開交，老闆跟客人或客人跟客人之間，大概都面熟。鹹粥可選虱目魚或蚵仔或什錦海鮮，也有人吃白飯攪鹹，外加一碗魚湯，一顆滷丸，一條香腸，或一盤筍絲或白菜滷，運氣好的話，可以搶到限量的滷虱目魚頭或整尾的鹹水吳郭魚，或是數量很少的煎魚腸。有些阿公阿嬤會早起盛裝打扮前來吃鹹粥，但有時候鹹粥只是個代名詞，一坐下來，不知不覺就會點滿一桌小盤小碟，是所謂小確幸。

無法妥協的台南香腸

從小吃慣台南香腸的結果，就是對香腸口味的無法妥協，僅能容許外角球和內角球之間的些微偏差，一旦超出好球帶範圍，即使勉強入口，也會生氣一整日。

香腸一直都是家裡冰箱的常備食材，小時候跟母親上菜市場，總有一兩個豬肉攤或賣肉鬆肉乾的店家，會很自滿於自家灌的香腸，竿子撐起來，一整片如捲簾，很壯觀。母親會捏捏香腸，觀察肥瘦比例，總要嫌棄一下，趁機殺價去尾數，畢竟是熟客，店家也愛鬥嘴，我們家是吃香腸的大戶，一次買好幾串，老闆多少會給漂亮折扣。

買回來的香腸，先用剪刀分節剪開，大約兩根香腸成一組，用日曆紙白色的那面捲起來，再用紅色橡皮筋紮緊，放進冷凍庫保存。平日餐桌缺了菜色，尤其少了鹹味下飯，或缺了肉類，就會拿兩根香腸出來救援。早期會下鍋煎，後來有了小烤箱，也無須事先退冰，直接小火烤，烤到吱吱作響還噴油，視時機拿長筷子不斷翻面，表皮出現恰好的脆度卻不至於燒焦的程度，就可以上餐桌了。

烤過的香腸稍稍放涼，取刀子斜切，配上青蒜薄片，擺盤起來的色澤就很熱鬧。香腸與西式火腿看似遠房親戚，但台式香腸的甜鹹和諧還帶有一絲俏皮的草莽豪放，還是比較對味。

如果當作便當菜，也不切了，一整根香腸塞進白飯裡。香腸表層的醬汁，會趁著蒸飯過程，滲入米飯空隙裡，恰好的甜鹹香，很下飯。

拜拜的時候，或家裡宴客，香腸也沒缺席，既可日常又可盛宴，桌上多了一盤香腸，不只顏色討喜，滋味也沒讓人失望過。以前放學回家，發現晚餐有香腸，總會偷捏一片先填肚子，還一邊吮指一邊問母親，今天有客人嗎？還是，今天有什麼值得慶祝的大事嗎？

早先幾年繞著台南城內城外遷徙，每搬一次家，就跟住家附近菜市場做香腸的店家培養新感情，唯有過年過節，才會專程到城內友愛市場對面的知名老店買香腸，那排隊的人龍蜿蜒到西門路還拐了彎，盛況和中正路那頭的黑橋牌幾乎無分軒輊。

可能是一路養成嘴刁的硬脾氣，長大出外讀書，偶爾在自助餐，或在夜市或戲院或河堤邊的小攤擲骰子打香腸時，吃到滋味口感或肥瘦比例不對的香腸，一口咬下，就後悔了，猶豫著該吐出來還是妥協吞下去，那瞬間，真是為難。

終於如願的雞仔豬肚鱉

很小的時候，應該是幼稚園以前，就會用台語快速說出「雞仔豬肚鱉」這麼深奧的菜名，完全不會結巴，而且必須是台語的「氣口」才能滑出恰好的節奏韻律，換成北京話，反而說不出來。同理也發生在「魷魚螺肉蒜」，不用台語發音好像就無味，那魷魚的嚼感，螺肉的鮮味，青蒜的清甜，全都沒滋沒味。這是語言跟滋味之間，很玄的牽連。

古早年代，對於「台南」最嚴謹的定義，就是城門圍起來的城內，像我父系家族出身台南縣將軍鄉，到我這輩出生在東門城外，頂多沾了一點邊。

過年過節返回鹽分地帶的老家，至多就是看著阿嬤阿姆阿嬸還包括我媽等女眷們，拿把矮凳，坐在灶腳後方的水槽邊，洗豬腸，切豆仔薯，捏出鹹菜的鹽水，斬雞，切虱目魚。刀工最細的就負責切魷魚，雕出格紋，入湯之後，魷魚捲起來，那格紋就撐開來，像一朵花。這工夫很難，我長大以後嘗試過，完全切不出那樣的紋路。

務農人家的大菜，就是用瓷碗公盛上桌的鹹菜蚵仔湯、豆仔薯蛋花湯、皇帝豆排骨湯，但最特別的是魷魚螺肉蒜。據說是有名的酒家菜，卻是家裡過節的菜色，但從阿嬤那裡流傳下來的作法，較為清淡簡單，可能是鹽分地帶栽種的蔥蒜原本就很無敵，螺肉罐頭又是拜拜才吃得到的極品，光是那罐頭的湯汁配上青蒜就很對味。這幾年我自己嘗試料理，總覺得缺了幾味，或許是產地的關係，青蒜表現得過於客氣，也可能是自己刀工太差，魷魚的雕花不夠水準，唯有那螺肉罐頭已經不是奢侈品了，如果不拘泥於記憶裡的滋味，還是可以復刻三到四分像。

倒是雞仔豬肚鱉，可不是尋常人家做得出來的工夫菜色。工要細，食材要好，還得有熬煮的耐性跟時間，要讓雞、豬肚、鱉，一隻塞著一隻，光是熟記先後順序都不容易，就算仗著台語說出菜名多麼輕易又流利，沒吃過就是沒吃過。只知道台南城內有名，城外小孩就只能嘴裡翻來覆去像繞口令，年歲進入中年，依然只是嚮往的一道湯。

小時候看過女眷長輩們殺鱉，鱉很凶，脾氣暴躁，先用一根筷子激怒牠，鱉的脖子伸得夠長，趁機就拿刀剁下去，要是時機抓不好，讓鱉搶走筷子，立刻就來咬手，聽大人說咬了就沒救了，也不知道沒救的意思是什麼，總之殺鱉的過程，大家都很緊張。

宰殺鱉的危險傳說以生猛血腥的格式在小孩之間流傳，通常是在老家灶腳後方的水槽邊，由母親阿嬸這些媳婦冒著生命危險操刀，父親跟阿伯阿叔們穿著西裝褲，雙手環抱胸前，出一張嘴，下指導棋。返家作客的姑姑們，因為穿著裁縫師手工訂製服，多數是套裝或洋裝，也只能躲得遠遠的，只是她們回了婆家，或許就沒那麼好命。

我對殺鱉的記憶深刻，卻沒有吃過雞仔豬肚鱉的印象，那處理過的鱉，或許是煮了薑絲清湯就交代過去了，要不然就是燉中藥，問了大人，完全沒人記得。

直到這個夏天，仗著湊來一桌人數，來到阿霞飯店，事先吩咐了雞仔豬肚鱉，就當作圓夢好了，總是府城人到了這年紀還沒吃過，好像說不過去。

服務生端來大砂鍋，只是快速說了，幫我們切好再端來，倉促之間，沒想太多，後來才懊悔，應該看看雞、鱉、豬肚，到底是誰塞了誰才對啊，但已經來不及了。

果然是熬煮三到四個小時的夢幻料理，食材夠好夠鮮，就讓它們盡量表態即可。助陣的香菇應該是比較厚身的品種，充分吸飽湯汁，整朵散開，有人類掌心那麼大，咬下瞬間是當真被取悅了。沒想到這湯裡的香菇，早一步搶了鋒頭。

料理過豬肚的人，都知道手續繁雜，過程之中，很容易就自暴自棄。但豬肚要處理乾淨，不帶過多油脂，煮到軟卻不可以爛，要保留彈性，卻不是生硬的那種緊咬不斷，否則嚼著嚼著就生出一肚子火氣來。阿霞畢竟是老字號，師傅手下的豬肚被處理得極為完美，至於雞肉僅是正常表現就四平八穩了，當真要砸鍋壞了水準，其實也很容易被察覺，倒是那鱉的膠質真是美人親膚等級，老來牙口不好的人，吃這道湯，簡直可以讓自己的牙功有瞬間回春的自信。但是最美的是湯頭回甘的喉韻，我用小湯碗喝了四碗都還不嫌膩，瓷湯匙在湯裡輕輕滑開，頂多就看到薑片、枸杞，有沒有紅棗似乎也記不得了。心頭一直想著，如願了如願了，果真是夢幻料理。打了個飽嗝，好像去了一趟龍宮仙境之後重返人間。

那一大鍋意猶未盡的雞仔豬肚鱉，還能打包回家，湯鍋裡一倒，依然滿到鍋邊，繼續吃了兩餐，被府城老店的心意拉出款待的延長線。以前常聽父親說，台南紡織業界招待日本客人，會去城內永福國小附近的巷子，大概是白熊飯店後方，有一家館子的雞仔豬肚鱉非常有名。年代有點遠了，打探不容易，那附近小巷的變化其實也不大，大約是現在文青很愛去的蝸牛巷。

往往第一次味覺相遇就定義了某道料理的不妥協，譬如阿嬤擅長的魷魚螺肉蒜，還有終於如願的雞仔豬肚鱉，往後再吃到別的流派別的作法，或許會不習慣吧！

台南的吃飽與吃不飽

常有外地來的朋友跟我抱怨，他們認為台南小吃，那麼小碗，根本吃不飽。尤其食量大的人，一碗擔仔麵，或一份清蒸肉圓，兩三口就吃完，很快又叫了第二碗。拿著網路搜尋到的美食衝刺祕笈，一路吃到飽足，甚至過飽，說他們想吐。也有不少來台南旅遊的人，聽了網路傳言，說要隨身攜帶胃藥，感覺好像來拚命。有一次路過大東夜市，看到前來朝聖的年輕學生圍成一圈，彷彿球賽開始之前的激勵喊話，振臂高呼：「餵豬行程開始！」

台南小吃如此被喜愛，甚至有各種版本的美食攻略，身為台南人雖有喜悅但也擔憂，料理再美味，一旦過飽，就覺得不好吃了，所以來台南吃小吃的戰術就是不要吃飽。

最好的狀態，就是止住飢餓，至多五分飽的程度，不至於過膩，往後回味起來，會覺得滋味特別好。帶著吃不飽的身體感覺去結帳，然後繼續在小巷弄裡慢慢散步，轉個彎就可以喝杯紅茶，或喝杯蓮藕茶、冬瓜茶、青草茶，最棒的方式就是站在店門口，用玻璃杯喝，不必大杯，止渴，嘗到滋味就好。

台南的廟宇很多，幾乎每天都有神明生日或有各宮廟之間的交陪境（互相參與對方的盛會），或有信徒還願請了歌仔戲和布袋戲班來熱鬧，那就坐下來歇息順便看戲。肚子有點餓了，再去附近吃碗粿配魚丸湯，或吃米糕配四神湯，或是花生菜粽配豆醬湯，也不要吃飽，大約不餓了，就可以了。接著再慢慢去散步，去問路，去看廟宇的門神跟匾額，又有點餓了，再去吃盤鱔魚意麵。要是天氣熱，就去吃八寶冰，天氣涼，就去吃熱的花生湯或米糕糜。

既然把台南美食當成旅行衝刺的重點，就要記得吃不飽的原則，小吃與小吃之間，拉出讓腸胃休喘的空間，沒必要把排隊名店一次衝刺到底，要抱持著往後還要來台南一百次的決心，這樣就不會有遺憾。

要吃好又吃飽，也有像阿霞或阿美飯店那種大菜的規格，每道菜上來都是豐盛的大餐盤，從前菜冷盤到甜湯收尾，樣樣手路菜，那才叫做飽到永生難忘。

往後要是有人再說，台南小吃都吃不飽，那就對了，小吃原本就是吃巧不吃飽，就因為吃不飽，才有辦法留住下次相會之前日日思念的感情啊！

第二章・食哲學

Chapter 2

吃食喜好是一道頑固的牆

東京電視台二〇一九年播出的春季日劇，由吉永史原著漫畫改編的《昨日的美食》，描述一對共同生活的同性戀伴侶，從事律師工作的筧史朗與髮型設計師矢吹賢二的故事。史朗擅長料理，對飲食與身材十分介意，賢二則是什麼料理都覺得好吃。

其中一集，描述除夕夜，史朗返回老家與父母吃年夜飯，賢二則是留在公寓，一個人煮了最愛的「札幌一番」味噌拉麵當宵夜，一邊吃麵，一邊看著電視節目跟偶像團體一起跨年倒數。賢二說這種年紀已經不會對年輕小伙子動心了，感覺像看著隔壁小孩長大的「阿姨心態」。這段自言自語，頗有趣。

其實在大年夜最後一個營業日的開店準備工作時，賢二就問過髮廊同事，如果吃札幌一番拉麵，會選「味噌口味」？還是「醬油口味」？在場同事紛紛表明自己是「味噌派」，唯有店長強勢表態：「這還用問嗎？當然是醬油口味。」

賢二當晚享用的味噌拉麵屬於豪華等級，不但將肉片、胡蘿蔔、白菜先炒過，還按照史朗的作法，將雞蛋打在碗裡，稍稍在蛋黃的部分戳個洞，微波四十秒，預先做成半熟的溫泉蛋。煮麵的時間也有限制，起鍋前的一分鐘，絕對不能被其他事情打擾，連手機響都沒有接。直到吃完麵，才接了手機，原本在電話裡抱怨的史朗，知道原因之後，立刻說了：「因為是札幌一番的味噌麵啊，我可以理解。」畢竟泡麵不能煮太久，煮好之後最好立刻吃掉，泡到過軟的麵，完全不行啊！

關於吃食，每個人的喜好猶如一道頑固的牆，像味噌拉麵或醬油拉麵這種二分法還算簡單，畢竟還有鹽味拉麵可以加入戰場。我自己也有孤僻的堅持，譬如某個速食麵品牌的醬油口味搭配的細麵特別好吃，因此情有獨鍾。也有在百貨公司展店的拉麵連鎖店，因為鹽味拉麵還附上一顆梅子，餐後解膩恰好，也就一吃上癮。

若提到香菜，那更是鐵板一塊。我吃大腸麵線一定要灑香菜配上烏醋，吃台南的滷麵也一定要加香菜、烏醋、蒜頭汁與少許辣椒醬，否則無法盡興。因為很愛香菜的氣味，吃豬血糕就一定要請老闆讓豬血糕狠狠地在醬汁、花生粉、香菜的桶子裡滾到過癮。自己在家滷了豆乾，不管切塊還是切片，絕對要灑一大把香菜，淋上芝麻香油跟滷汁，那才叫澎湃。可是那些討厭香菜的朋友光是聽我描述這些吃法，就覺得天地崩裂了。其中一人問我，不覺得香菜有一種阿嬤衣櫥的氣味嗎？你是說樟腦丸嗎？

菜頭排骨湯要搭香菜，菱角排骨湯也要搭香菜，勾芡的羹湯搭配香菜更是對味。香菜不耐煮，涼拌或喝湯之前灑上來，「呷氣味」就好。但香菜是一道牆，喜歡或不喜歡的人都是強硬派，倒也不必互相說服，或是把餵食香菜當作懲罰，和平相處就好。

跟香菜幾乎可以結拜的，應該是青蔥。我對青蔥也算溺愛，日本牛丼連鎖店的菜單裡面，我最愛一大碗鋪滿蔥花的「溫玉青蔥丼」。蔥花是綠地，中間放上雞蛋就像盛開的花。湯匙往下挖，白飯跟薄薄的牛肉片一杓，和蔥花與蛋黃擁抱一起，當真是蔥牛合一啊，我喜歡那種滋味。

要說派別，端午節也有蒸的北部粽與水煮的南部粽之爭，或是吃粽子到底要不要加甜辣醬，應該也可以吵到棒球比賽正規九局結束還沒有輸贏。吃麵也有寬麵與細麵的不同兩派，吃碗粿要不要淋蒜頭汁？吃湯麵加滷蛋加滷丸是要加在麵裡面還是單獨放小碟？附餐飲料是要先上還是後上？牛肉麵喜歡清燉還是紅燒？水餃喜歡高麗菜餡還是韭菜餡？清明節吃潤餅要不要包油麵？咖啡喝黑的還是加牛奶……

如果看過日劇《四重奏》，應該記得那四個人坐在一起吃炸雞的時候，曾經為了要不要擠檸檬而有過爭辯。如果檸檬算是個議題，那麼胡椒鹽到底是整盤灑上去，還是每個人依照口味喜好，自己夾去沾，比較妥當？

我看著西島秀俊飾演的律師史朗，與內野聖陽飾演的髮型設計師賢二，在共同居住的屋子裡，吃著各種菜色，難免想起每個人挑嘴的吃食習慣，真是充滿如何爭辯也無法一統江山的規矩。有一集劇情描述賢二發現史朗多年以來都會去已經結婚生子的前女友開的麵包店買吐司，難免醋勁大發。史朗的理由是：「吐司一旦吃上癮，就很難換別家了啊！」

關於這點，我也跟史朗一樣，對吐司的偏好，已經成為難以妥協的死心眼，吃到不合口感的吐司，會覺得一整天從早餐就開始崩壞。看起來最簡單的吐司，因為沒有其他繽紛花稍的配料，只能憑原料與工夫來對決，我覺得會特別介意吐司的人，大概都不容易被外表矇騙，史朗應該也一樣。

虱目魚的徹夜旅程

一直以來，都覺得虱目魚在台北應該是孤獨的吧。

有別於在台南菜市場那種光芒萬丈、巨星登場的規模，猶如帝王出巡，被嗜魚信眾擁戴的氣勢，吃魚段數最高的客戶總是豪邁買整尾，抹鹽乾煎，銀亮魚皮煎成金黃赤赤，或頭尾煮湯，中段乾煎，也有魚骨魚頷簡單煮鹹湯。台南人就算不是天天買虱目魚，一週合計起來要跟虱目魚在餐桌相遇的機會絕對不止一餐，大概是棒球比賽先發第四棒的地位。

可是在台北，虱目魚頂多是個板凳球員，往往只有市場魚販碎冰台上的邊邊角角幾尾，無刺魚肚還算有舞台，魚頭只能幾顆拼湊起來便宜賣，買整尾的價錢大概跟單買魚肚的價錢差沒多少錢。如果跟老闆表態，來一尾吧，立刻就被問，是不是台南人。

台北吃魚的主流是大尾多肉少刺，如果是多刺少肉的小魚，多屬於賣相不好又不討喜。像我這種自幼被台南虱目魚養成的挑魚嘴，沒有魚刺的魚，感覺就不過癮，就算大型魚，也盡量挑戰魚尾跟魚頭。在台南吃鮮魚湯，魚頭價格比魚肉要貴一些，在台北菜市場買魚，魚頭則便宜許多。

幾年前，台北住家附近的傳統市場，來了一個虱目魚專賣攤，老闆外加伙計二人組，外表看起來不苟言笑還帶著銳利殺氣，不管天熱天冷，一貫維持捲袖殺魚的架勢，手臂露出刺青，感覺更難接近。

一開始，生意似乎不太好，我也只是路過，默默觀察，不敢出手。有一次因為天冷，其他魚販檯面上的魚都不怎麼中意，反正快到中午收攤時間了，就跟那位刺青老闆買了一塊無刺虱目魚肚，沒想到刺青老闆雙手奉上，還鞠躬說謝謝，咧嘴一笑的剎那間，覺得他根本是電影《海角七號》鼓手小應的翻版。

那次買來的虱目魚肚，切片之後加了筍絲煮飯湯，鮮度甜度都保持得不錯，去魚刺的切工也很厲害，有台南市場魚販師傅的水準。

後來因為經常採買，也就熟了，知道他們攤子的虱目魚是深夜從台南魚塭現撈，以魚塭鹹水打包專車直送，大概清晨三、四點抵達台北，老闆伙計二人組就要開車去交流道迎接魚貨，五點鐘運抵市場，兩人就繫上防水圍裙，雙腳套上黑色長筒雨鞋，以鋒利精準的刀工，耐心處理一尾一尾虱目魚。魚頭、魚肚、魚皮、魚里肌、魚骨，分類堆成小山一樣。大約八點過後，市場人潮開始湧現時，兩人分工處理虱目魚已經進入最後收尾階段，只見他們以小支金屬湯匙俐落刮除魚骨之間的碎肉，再用那些碎肉做虱目魚丸。因為漁貨夠新鮮，時間夠早的話，還能買到珍貴的魚腸，那是懂吃虱目魚的人才知道的夢幻逸品。

為了應付早市的採買人潮，老闆伙計二人組只能輪流去吃早餐或買飲料。做賣魚生意的，一向都離不開濕漉漉的環境，海鮮的味道一體兩面，新鮮和腥臭一牆之隔，他們把虱目魚處理得相當乾淨討喜，而雨鞋跟防水圍裙是他們最帥氣的職場打扮，

私底下被我取了綽號的小應老闆，說話有濃濃的南部腔，渾身是鹹水魚塭的氣質，一邊講起虱目魚一路從南到北的戰鬥路程，一邊還雙手不停歇，

像日劇裡的《醫龍》或《派遣女醫X》大門未知子那樣，精準劃下一刀，如華爾滋圓弧曲線，看似輕鬆，但是藏在內裡的用力深淺一縮一放，是了不起的筋肉力道融合。伙計綁著小辮子，遇到前來買虱目魚肚煮稀飯給孫子吃的阿嬤客人嫌價錢貴的時候，會以台語撒嬌，那模樣還真是反差萌。

虱目魚用來打開台北市場通路的關鍵，大概是以清除魚刺的細工來搏鬥，乾煎魚肚還是要點工夫，魚皮遇到熱油，那煎魚的油鍋噴濺起來完全不會跟人客氣，如果以水煮或清蒸大致不會失敗，但風味完全不同就是了。魚頭用來煮清湯或以醬油豆豉滷煮也很美味，雖然吃魚頭的技術門檻高，但光是吃到那兩塊臉頰嫩皮就夠銷魂，邊用舌尖剔刺，邊吸魚骨之間的鮮甜汁液，那是吃虱目魚頭最高檔的享受。

魚里肌煎過捏碎用來做飯湯應該很不錯，如果是魚嶺的背脊肉，像阿嬤那一輩節儉的人，就會用鹽巴煮鹹湯拿來配飯，據說是戰時戰後餵養一家老小的珍饈美味。我父親那一代經歷過戰爭的台南人，到現在還是很愛虱目魚嶺煮鹹湯這一味。

有時候去菜市場買虱目魚，站著跟刺青老闆與伙計聊天時，感覺他們這幾年的人生志業大概就是每天跟台南來的虱目魚爭取那半天的新鮮賞味，當天處理好的魚貨，零買的客人有時一掃而光，若有剩下，也都被做生意的店家吩咐清盤，絕不會賣隔天的虱目魚。從台南魚塭到台北餐桌，維持路程最短、時間最珍貴的邂逅與分離。

價錢當然是貴了些，畢竟披星戴月，趕夜車上來，透早進入台北周邊，再以異鄉重逢的情分，跟熱愛虱目魚的芸芸眾生一期一會。很想跟刺青老闆和那位綁著小辮子的伙計說，你們做的可是撫慰鄉愁的大事業呢！

日本拉麵之外的其他麵麵麵

不太記得到底是從哪一年開始，台灣變成日本拉麵競爭激烈的主戰場。第一次吃到日本拉麵，是去長春戲院看電影的路上會經過一間日本老闆開的「樂山娘」，第二次應該是民生社區 278 公車站牌附近，一間小小的很不起眼的拉麵店，連店名都忘記了。那時台灣人普遍都覺得日本拉麵太鹹，可是我在九〇年代第一次去日本旅行時，在深夜的福岡街邊吃到的拉麵，那才是拉麵本格的鹹味，台灣的日本拉麵已經算客氣了。

這十年之間，知名的日本拉麵連鎖店陸續到台灣插旗，多數跟百貨公司結盟，成為店中店的大熱門。就連「寂寞寂寞剛好」的一蘭拉麵都來了。北海道、九州、沖繩。鹽味、醬油、味噌。標榜各地口味特色的日本拉麵，一開幕往往成為排隊名店，用餐時間也一位難求，不知道是拉麵拉抬了百貨公司的人氣，還是百貨公司逛街購物人潮加持了拉麵店的聲勢，總之，日本拉麵在台灣這個「麵界」的江湖，大概已經建立重要的派別了。

我也喜歡日本拉麵，尤其吃完拉麵，嘴裡滿是鹹味的時候，一口氣把桌上那杯冰開水喝光，舌根因而緩緩漫出來的甘甜味，那是最過癮的了。有時吃拉麵也配一小盤煎餃，或像「山頭火拉麵」可以配一碟漚野菜，已經撤出台灣的沖繩「通堂拉麵」可以盡量吃到飽的小辣豆芽菜。總之，日本拉麵吃的是異國情懷，尤其拉麵店的裝潢都不含糊，服務也有一定水準，在台灣吃日本拉麵，比較像是偶爾才能來享受一碗的大餐，畢竟價格不是屬於庶民的那個層級。

如果以我的外食比重來看，大概兩次日本拉麵的中間，會吃十次左右的本地麵食，包括台南人說的「外省麵」也就是陽春麵，或是湯意麵、乾意麵、榨菜肉絲麵、麻醬麵、炸醬麵、餛飩麵、鍋燒意麵、滷麵、魷魚羹麵或羹米粉。涼麵跟蚵仔麵線大腸麵線看似旁支，倘若要加進同一個聯盟好像也可以。至於雜菜麵什錦麵，因為備料複雜，已經少見了，要是幸運遇到，也絕對不會放過。倒是這幾年被炒作起來的牛肉麵，那又是個獨立的江湖，因為價格不算便宜，大概跟日本拉麵一樣，屬於久久吃一次，解饞就好。

通常菜市場裡面的麵攤，或路旁麵店，可以長年存活下來，實力都不弱，以CP值來說，簡直壓倒性的狂勝。有些真的是攤子，有些因為長年的小攤歷練，已經升級為店面經營，或因為美食行腳節目加持，成為排隊名店。這些麵店的特質，就是選項很多，麵的粗細可以選，種類也可以選，陽春麵、拉麵、油麵、意麵，還是米粉、板條，做成湯的或乾的，要不要加滷蛋或餛飩，店內最厲害的才有資格站在下麵大鍋的位子，類似球隊第四棒那樣的分量。

滷味小菜也是決勝武器，有些麵店的滷味光是用好幾個臉盆擺出來的實力就很驚人，滷味切好之後，鋪了厚厚一層蔥花就更厲害了。也有跟著大骨湯一起煮的肝連、嘴邊肉、油豆腐、生腸、粉腸之類的選項，煮到入味軟嫩還保有嚼感，那就不容易了，淋上醬油膏或辣椒醬，加一些薑絲入口，總之吃麵搭小菜這種組合，大概是麵店這種大眾吃食很典型的選項。最妙的是在台灣吃麵，老闆都會問客人要不要燙青菜，感覺這類麵店都很關心大家的青菜攝取量夠不夠，被這麼問的時候，都不好意思拒絕，一旦拒絕就會反省不吃青菜實在不應該。

我喜歡細麵條，意麵更好，不能煮太爛，麵湯要清澈卻不能無味，肉燥一定要有，如果加上兩片薄薄的豬肉片，那更銷魂。最好是湯麵配小白菜，雨季颱風季的時候，因為小白菜歉收，勉強可以接受空心菜或青江菜。老闆自己調的辣醬可以加分，要不然就灑很多胡椒粉。若是乾麵就要有很多豆芽菜或韭菜還要淋上烏醋。吃榨菜肉絲麵的時候，要先夾一口榨菜肉絲，吃原味，再用筷子將榨菜肉絲沉入湯裡，讓湯汁與麵條入味。

有些傳統麵店到了第二代或第三代，會將店面裝潢升級，或在附近再開分店，形成新舊共存，定價可能貴一點點，口味不至於差太多，還不到連鎖的規模，但已經有傳承的意思。這類新風格麵店有冷氣空調、有洗手間、有乾淨的裝潢，舒服的座椅，有辨識度很高的制服或工作圍裙，有臉書粉絲團或官網，老味道因此有了新局面。有時候是吃慣了本店的老顧客跑去新的分店嘗鮮，或是因為吃了新店面口味的年輕客群，走入巷弄或街邊找尋老店的滋味，互相加持，各有故事，好像也不錯。

以新聞話題來說，日本拉麵展店的行銷當然比較強，但是台灣麵食在路邊巷弄經營的基層實力也很厲害。這種麵那種麵，吃久了，就成個人嘴饞或溫飽的經歷跟回憶了。

買菜就是我的日常散步

我的台北散步路線，其實就是一場又一場與食材的相遇。出門的時候，背著大大的保冷袋，返家的時候，滿滿的重量，手裡還要勾著幾盒熟食，就算只是一個禮拜的做菜分量，好像也澎湃到可以在家宴客的那種規模與心意。

如果是補充日常食材，就在住家附近的湖光市場；想去稍遠的地方，就去艋舺三水市場；想給自己稍微華麗的菜色，譬如耶誕、跨年、生日，任何讓自己開心的理由，就去SOGO超市和微風廣場，過一下貴婦的癮。

湖光市場有習慣採買的攤位，賣青菜的攤子從爸爸媽媽那一代賣到兒子媳婦當家，台灣本地菜或進口蔬菜都有，青菜列隊好像百花齊放那樣色澤繽紛。若要買新鮮虱目魚，有當天清晨從台南魚塭直送，攤子老闆長得像歌手小應，伙計綁了俏皮的小辮子，看起來像日本吉本興業的諧星，兩人從清晨五點開始處理虱目魚，魚肚魚骨魚頭魚嶺魚皮都分類，連珍貴的魚腸都有，刀工細緻的程度媲美厲害的外科手術。熟悉的豬肉攤老闆娘會幫我挑選肉質最適合的部位，如果想吃豬肚，還可以預先委託清洗燙熟。水果攤是辣媽跟姊妹淘的班底，傍晚之後換成辣媽的女兒辣妹駐店，跟她們買水果買到過年送月曆的好交情。

會去三水市場純粹是想吃大豐魚丸的魚漿炸物，兩代老闆娘都是美女，很會做生意。剛起鍋的花枝漿旗魚漿甜不辣用紙袋裝好拎在手裡，還未走到捷運站就吃完也是常有的事，何況還能買到台北少有的菱角形狀魚丸。

市場口的老店肉鬆跟花生絕對要入袋，最後以三水街上的龍口蚵仔麵線收尾，那裡的辣椒醬跟滷到嫩滑的大腸頭，配上老闆的菜市場哲學家性格，簡直對味。

會去 SOGO 超市就真的是因為回家轉運方便，買那種放進冰箱之後還會繼續長的綠色芽菜，買非基改黃豆做成的各種豆腐豆皮，也喜歡那裡的胡蘿蔔小黃瓜涼拌蒟蒻。如果時間充裕，就去研究架上各種醬料的產地跟品名，偶爾帶幾份熟菜或滷味，加上鮪魚細卷壽司，還有炊煮好的紅豆飯。

微風超市也是會去散步採買的地方，自己嫌麻煩或做不來的沙拉品項就挑四樣湊成拼盤，竹莢魚和牡蠣炸物回家用烤箱加溫配啤酒簡直銷魂，偶爾吃兩塊日式炸雞也可以聊慰減重過程的小貪嘴。

我的散步雷達應該早就內建通往市場的導航功能，有時靠街景提示，有時嗅到空氣裡的氣味，隨即感應到食物的召喚。跟某些店家交易經年也就有了味道搭建起來的交情。把買菜當成散步，意識到腳痠的時候，通常也滿手菜色了。

我以為蔥油餅該有的樣子

我對蔥油餅的要求，有點病態的偏執，藉由不停地街角尋覓，歸納出滿足自己的好吃蔥油餅版圖。發現新亮點的時候就像中樂透，而且反覆去購買並觀察他們的生意好不好，某種程度來說，很像迷戀蔥油餅的跟蹤狂。

蔥油餅大概可以列入我本人很主觀的「肚子有點餓的正餐與正餐之間的點心」選項排名前五大。我以為的「點心」定義，應該是在腦中出現一絲絲「餓」的念頭，但還不至於從身體實際發出飢腸轆轆的進食需求，僅止於把那一絲絲餓的念頭稍加安撫就好，最重要的是不要影響到下一頓正餐的食慾，那才夠格稱之為點心。

有可能是從小的養成訓練，「正餐吃不下」往往是惹大人生氣的導火線，尤其媽媽煮飯那麼辛苦，小孩卻因為點心吃太飽而對正餐的滿桌菜色毫無動筷子的念頭，雖還不至於發展成孝順不孝順的大問題，但餐桌的氣氛就是會變得很奇怪。

因此，我以為的點心，可以是一片蔥油餅，一塊紅豆車輪餅，一小份臭豆腐，一碗豆花，一個豬肉餡餅，或一個韭菜盒子，一個水煎包，類似這樣的分量。

大學畢業之後，我在一間家族色彩很濃的公司上班將近十年，所謂家族色彩很濃，倒不是因為公司高層都是同一家人，而是員工之中，很多人都有親戚關係，某部門經理是另一個部門主任的叔叔，某課長是某專員的姊夫，或誰的姑婆恰好是誰的舅媽，某個地方辦事處的處長是常務董事的表弟，類似這樣的親戚關係樹狀圖，我也是經過許多年才清楚大致的輪廓。像我這種看報紙徵人廣告面試進去的員工，在公司無親無故的，反而是極為稀有的少數。不知道是不是因為親戚關係和員工關係的重度重疊，辦公室氣氛很像家族聚會，尤其到了下午四點鐘前後，幾乎每個部門都在吃點心，頗有拚場較勁的意味。

那幾年也就把我的「小餓」生理時鐘調整到四點鐘左右就開始嘴饞。通常外勤同事會在那之前回報他們周圍的點心座標，而部門也會有同仁列入口袋名單的美食地圖，有時候拱主管請客買單，有時候男同事中午休息玩牌輸贏賭資就當作點心基金，後來演變成發薪日按照薪資比例交點心費，不過主管請客的機率很高，動用到點心基金的機會不是太多。

有點小餓的下午四點鐘，類似小籠包、車輪餅、水煎包、煎餃之類的熱食還頗受青睞，其中最受歡迎的是位於忠孝東路大陸大樓旁邊的廢鐵道，有部小貨車賣的蔥油餅，一大張可以切成幾小片，麵粉不知下過什麼厲害的工夫手勁，油煎之後，外層稍許焦脆，內層麵粉呈現「牽絲」的細條狀，抹上店家特製辣椒醬，跟青蔥的味道互相擁抱，簡直絕配。

後來廢鐵道整建為大型停車場，兩邊陸續進駐高價餐廳，我也離開那家公司，極品小貨車蔥油餅也就下落不明，成為夢裡才能回憶的美味。

有一次在極餓狀態下，吃了士林捷運站附近華榮菜市場入口的蔥油餅，他們的作法是把一人份的麵團壓平放入熱鍋油炸，油鍋裡的麵團膨脹成米其林輪胎寶寶那樣的奔放形體，最神奇的是，如果客人點了加蛋蔥油餅，那顆蛋也是單獨入油鍋，最後不曉得用了什麼樣的俐落快速工夫，讓「它們」擁抱在一起，就連我站在油鍋旁邊，那炸蛋與炸蔥油餅快速合體都只在眨眼之間完成，相當神奇。

畢竟是在很飢餓的狀態之下，飽含熱油的蔥油餅當然好吃翻倍，這跟某次與朋友開車一路塞到宜蘭，餓到渾身發軟的情況下，吃了傳說中的三星蔥油餅一樣，已經不是「小餓」解饞的程度，而是直接要求兩份，吃到粗飽。

我就保持這種在路旁發現蔥油餅攤子就淺嘗一片或兩片的習慣，剛起鍋的，熱呼呼的程度最好，冷的蔥油餅難免減分，但也有麵皮功力不好的，吃起來「扁而黏」，那就掃興了。

台南老家附近的眷村市場口，到了下午會有幾個攤子出來做生意，一個賣臭豆腐與豬血湯，一個賣炸雞排，另一個賣小籠包、蘿蔔糕、韭菜盒、豬肉餡餅跟蔥油餅。這裡的蔥油餅擀成小圓盤狀，厚度足，煎過的麵皮口感卻很有咬勁，很接近多年前我愛吃的忠孝東路廢鐵道小貨車蔥油餅。這眷村市場口的蔥油餅很便宜，常來光顧的熟客大概都懂老闆娘的規矩，買蔥油餅一次說清楚要不要加蛋，要不要辣醬，要不要醬油膏，除了紙袋之外，要不要另外套一個塑膠袋。熟客跟老闆娘之間一來一往，好像交換什麼密碼或繞口令，又像唸著 Rap，十分有趣。

關於蔥油餅，也有人偏愛口感較硬的薄片型態，咬起來卡滋卡滋的，我自己是沒辦法適應，過去跟蔥油餅交往的經驗變成吃食的偏執，好像也勉強不來。我喜歡吃得出麵粉恰到好處的表面焦脆而內層Q彈鬆爽的層次感，可以牽絲成細條狀的當然最好，那是我心目中的蔥油餅逸品。

最近倒是注意到蔥餅，看起來是蔥油餅的堂兄表弟之類的親屬關係，體積小了點，接近餡餅那樣的圓扁狀，可能是進烤箱烤過，口感較為緊密扎實，而蔥餅非得趁熱吃不可，冷掉之後，牙齒力道要多加一到兩級，也容易噎到，但也有可能是我那早已被蔥油餅制約的偏執與牙齒功力問題，不是蔥餅的錯。

寫著寫著，腦波好像發出小餓的訊息，我要出門找尋蔥油餅了。

宵夜吃什麼？但很久沒吃了

所謂的宵夜，到底是以什麼樣的格式、又具備什麼樣的生活意義存在著呢？

小學以前，幾乎都早睡，一睡也就到天亮，唯一可以吃宵夜的機會，就是半夜起床看棒球轉播，也唯有看棒球比賽的深夜，才特別得到大人恩准，可以吃泡麵。所以，此生最初的宵夜菜色，就是泡麵，而且是很古老的生力麵，黃白橫條紋外包裝還畫了隻雞的生力麵，後來才知道那是模仿日清雞汁泡麵，另附一包乾燥蔥花調味粉，是比統一肉燥麵還要早的泡麵始祖。

像我這樣的世代，才有機會拿生力麵出來炫耀，所以，老了也不全然是壞事。

國中高中那六年，功課多，考試也多，常常過了深夜十二點鐘還醒著。我家的晚餐吃得早，大概十點鐘就開始肚子餓了，那時多數是下樓燒水煮十顆冷凍水餃，蘸很多沙茶醬。也有母親在東安菜市場預先買好的湯麵，我自己用單柄小湯鍋熱來吃，那湯麵的湯頭非常好，加了滿滿的豆芽菜跟韭菜，麵條雖是我比較不愛的黃色油麵，可是這家的黃麵頗合我意。聽母親說，老闆知道是苦命中學生的宵夜，還特別把麵跟湯分開包，免得糊掉。麵攤老闆的兒子後來考上台大，放榜隔天貼了紅紙慶賀，還免費請吃麵，因此我吃過一次不用錢的宵夜湯麵。

到了淡水讀書，前三個學期因為學校宿舍門禁，宵夜多數是在寢室用熱開水沖泡阿華田或好立克，當然用鋼杯吃泡麵也常有，互相交換泡麵口味是室友之間的友情遊戲。也曾經趕在門禁之前，匆匆從側門水源街帶回鹹酥雞或親親麵包店的蛋糕吐司，或拜託男同學從山下清水街帶碗當歸土虱，偷偷從寢室鐵窗遞進來，感覺像探監送餐。搬到學校側門之後，宵夜可就精彩了，鹹酥雞當然還是主角，但是「綠野」門口賣的滷味頗有打敗鹹酥雞的氣勢。那時我還常吃熱呼呼的紅豆湯當宵夜，不過最瘋狂的是同學隨便吆喝一下，就可以在某人房間吃起火鍋，吃完火鍋，天也亮了，就騎車殺到後山牧場喝鮮奶。

大概在三十歲之前，都很有體力也很有興致相約吃宵夜，九點之後才出發去吃越南東家羊肉爐，去復興南路吃清粥小菜，或去內湖來來吃豆漿配牛肉捲餅，要不然就去東湖吃藥燉排骨，去士林夜市吃青蛙下蛋。也有一次開車到某個高架橋下方的河邊，一邊吃士林夜市買來的燒仙草，一邊講公司主管的壞話。如果臨時被 call 出去幫人慶生，甚至可以在 KTV 叫一碗牛肉麵，還順便把慶生的蛋糕也清乾淨。

不過，隨著年歲增加，吃宵夜的能力也向下修正，九點鐘過後自動進入睡眠準備狀態，也就懶得換衣服出門吃宵夜。那不是邀人或被邀約的義氣不義氣問題，而是生命已經進入下一關，也恰好跟自己同齡或上下各五到十年區間的朋友圈子都更新了人生版本，已經不太需要用宵夜隨 call 隨到的形式來驗證友情深淺了。

如果真的肚子餓了，頂多搜一搜家裡有沒有存糧，可以喝一杯熱牛奶，吃一份 MUJI 的小泡麵，啃一片吐司，吃兩塊餅乾，要是有半碗剩飯，就做茶泡飯，要不然，都市裡的二十四小時便利商店也有飯糰和茶葉蛋，就看自己願不願意換下睡衣或披件外套出門覓食了。

宵夜的口味越來越淡，分量越來越少，基於健康理由或怕胖的原因，深夜進食的罪惡感也就打敗嘴饞或飢餓的小念頭。何況肚子有食物也很難入睡，感覺腸胃還在努力消化中，自己這樣睡著好像不太對，一旦這麼想，罪惡感就更深了。

我住的社區經常在深夜十點過後，飄來某戶人家烹煮食物的香味，從氣味判斷，不管糖醋、醬爆、油炸、三杯、辣炒，樣樣都來，倘若是冬天，還會出現麻油爆薑的香氣。我坐在窗邊，都能從氣味想像那一整桌菜色如何澎湃，如果當時有點餓，會覺得痛恨，如果已經很飽了，就覺得好膩。

不過，這幾年已經很少吃宵夜了，盡量維持入睡之前的幾個小時都不要再進食，如果真的很餓，就沖一小杯十穀粉或熱牛奶，已經無法在深夜時段吃鹹酥雞或麻油雞，滷味大概一根雞翅一份豆干就打趴了，泡麵頂多一到兩口，如果多吃幾塊洋芋片，就會反省自己是不是太沒有節制了。

吃宵夜的慾望和戰鬥力正在消退中，即使睡前看到網路貼出來的深夜美食照片，好像也不為所動，已經可以淡定關燈睡覺了。

這幾天閱讀川本三郎的新書《少了你的餐桌》，提到他觀看小津安二郎執導的電影中，中年紳士曾有過一段台詞：「年齡一增長，就會開始想吃清淡的東西。」川本先生說，他頗能理解那種心情。

我也能理解。尤其是宵夜，不只要清淡，最好是慾望淡到不吃也沒有關係。至於那些曾經滿足我深夜食慾，撫慰深夜飢餓感的各種宵夜菜色，就讓我在此深深鞠躬，感謝你們多年來的照顧，以後，我們還是在白天時段碰面吧！

剝蝦是療癒的盛宴

燙一盤帶殼的蝦，不管是跟家人朋友一起剝蝦，還是獨自一人剝蝦，都非常療癒。

小時候，家裡只要有任何值得慶祝的事情，譬如小孩子的月考結束，有人生日，聯考放榜又恰好考得不錯，或只是父親領薪水的隔天，或母親覺得那天市場的蝦子便宜又新鮮，或親戚說好了哪天來訪，因為帶殼的蝦子比剝了蝦殼做成的任何蝦仁料理都要澎湃熱鬧，剎那間就有種「今天的菜色真是豐盛」的感覺。

光是蝦殼燙過之後呈現的鮮紅色澤，以及豪放亂竄的蝦鬚就很強大，如果數量夠多，堆疊起來成為一座赤紅的蝦丘，那真的讓人全身都產生剝蝦的十足戰鬥力。

以前經常跟母親去市場買菜，很早就學會辨識蝦的種類，也略懂各種蝦的口感。新鮮的蝦才夠資格帶殼做成清燙，但也不全然是整鍋沸水去燙熟，母親會把蝦子放入鍋裡，沿著鍋邊淋一圈米酒，灑些鹽巴，蝦殼因為高溫轉成紅色時，鍋鏟拌一拌，就行了。

因為剝蝦必須全力投入，雙手無暇再去拿筷子扒飯或夾菜，通常都是飯菜吃完，才開始剝蝦吃蝦。新鮮的蝦子很好剝，蝦頭是精華，總要「滋滋滋」地發出誇張的聲音，將鮮甜蝦膏吸乾淨才夠盡興。蝦尾如果能拉出完整尖細的尾端，就會獲得大家的讚嘆。最後將剝光的蝦子放進醬油碟子涮一下，一口解決，比速度，還要比俐落。

母親偶爾也會做麻油蝦，先用麻油爆香老薑蒜頭，再將帶殼蝦子放進去，翻炒幾下，淋少許醬油，蓋上鍋蓋，熄火，用鍋子的餘溫慢慢將蝦子煨熟。因為蝦殼有麻油醬油和薑蒜融合的焦香味，一邊剝蝦，一邊舔手指頭，非常爽快療癒。

剝蝦要善用手腕的柔軟度，也要理解蝦子的身體曲線，小型蝦有小型蝦的甜美，大型蝦有大型蝦在肉質嚼感的優勢。有人代為剝蝦好像可以接收到對方的體貼，但是自己剝蝦自己吃，因為有了戰鬥的過程，還有殼肉分離的喀喀聲，手指的力氣跟手腕的靈敏全用上了，尤其看到那堆在手邊的蝦殼，特別有成就感。

小時候也很期待父親應酬帶回來的大蝦，幾乎有大人手掌那麼大。因為父親返家時，已經是小孩的睡前時間了，通常由大人剝掉蝦殼，每個小孩咬一口，帶著蝦子稍許的酒香與鮮味入夢，一整晚都做著跟活蝦觸鬚決鬥的夢。

現在啊，就算一個人吃飯，看到市場魚販端出鮮美的蝦，還是會買一些回來清燙，蘸醬油或加點芥末。一邊安靜剝著蝦殼，一邊沉澱生活裡的酸甜悲喜，還是覺得很療癒。

菜市場麵攤的流儀

「流儀」是日文說法，大意是指「作法、作風、流派」。因為字面看起來很有個性美感，對於各種專門技藝或是匠師等等的特殊堅持與脾氣，倘若以流儀來形容，特別有種得意不妥協卻讓人豔羨的風骨，不是討人厭的鐵齒龜毛，而是令人自然仰望的人生態度，流儀這兩字，特別有韻味。

我在台南的麵攤，也看到所謂的「流儀」，麵攤的流儀。

尤其是傳統菜市場的麵攤，看起來普通，也無裝潢，亦無冷氣，肉燥鍋從來不清洗，積了厚厚焦糖色澤，但人力配置卻隱藏厲害的組織規矩。畢竟市場是生意人高度集中的場域，菜市場麵攤除了服務一般吃麵的客人，也是攤商正餐或點心的補給站，食材不夠新鮮，口味不合在地習慣，或沒有做生意的人情當靠山，大概沒辦法在市場生存下去。能夠在菜市場立足，起碼都是幾十年老店，或兩代以上的經營，誰負責站在熱鍋前面，誰負責切小菜滷味，誰負責跑桌收碗收錢，厲害的可能身兼數職，或根本無須填單點菜，完全靠生意人的頭腦雷達，哪桌點了什麼麵配什麼湯，嘴巴複誦一遍，腦袋像計算機一樣，立刻說出結帳金額，這種工夫非得靠實戰累積不可。

每個麵攤都有各自做生意的流儀，我喜歡那種市井喧譁的庶民風景，不只吃麵，好像還短暫參與了他們的生意日常，非常有趣。

小學三年級搬到台南東安市場附近，市場內有間麵店，用的是黃色油麵跟細米粉，小店只提供羹麵羹米粉、湯麵湯米粉、乾麵乾米粉，共六種組合，羹湯會灑上烏醋胡椒粉與芫荽，赤肉羹的嚼感很好，湯麵湯米粉則是用大骨湯做底，淋一杓肉燥，幾片小白菜、少許綠色韭菜，兩片切得很薄的瘦豬肉片，吃起來很清爽。

東安市場屬於早市，攤商大概十點鐘過後就比較清閒，多數會到麵攤端碗麵回去，邊做生意邊吃麵。吃幾口，生意上門，就要站起來剁排骨或清魚腸，或突然忙起來，那碗麵放涼了，有機會歇喘，就又坐下來繼續吃。

東安市場那家麵店的兒子考上台大，放榜隔天，小店門口掛滿慶賀的花籃與紅紙，老闆免費請吃麵，我那時也吃到免費的「金榜題名」麵。

搬家之後又回到出生當時的崇誨空軍市場，那裡可就熱鬧了，除了市場內的傳統陽春麵攤之外，還有魯麵、新營豆菜麵的選項，另有提供吃早齋的素食，畢竟是鄰近眷村的傳統市場，光是涼麵就有三家，其中兩家涼麵到了農曆年前，還會做各式外省口味臘腸臘肉，非常搶手。

最近迷上城內東菜市的麵攤，其中一家叫月霞，就在市場內，桌椅四散隨意，但是看起來又有店家自成一格的動線規矩，大鍋和料理作業區塊就用市場統一規格的硬體設備，白色磁磚與磨石子平台，只要是可以利用的空間，擺一張椅子就能叫一碗麵來填飽肚子。

另一家緊貼著市場邊的金鳳麵店，規模較大，也有美食節目來採訪過。站在大鍋前面掌管下麵重任的，看起來是店家女眷之中輩分最高的，髮型吹得蓬鬆有型，眉毛仔細畫過，甚至有淡妝口紅，那個位置如果沒有長年功力和家族地位，應該是頂不起來，光是看那樣的女王氣勢，就覺得駕馭麵條實力不容小覷，不是隨隨便便就能端上桌的。

店內多數是女人當家，有人坐在高腳藤椅上，俐落快速包餛飩，一手拿餛飩皮，一手拿小鐵湯匙取餡料，手掌手指一捏，一眨眼就裝滿一整個鐵盤，邊包餛飩還能邊聊天。有人專責切滷菜，台南的滷菜在一整盤端上桌之前，會鋪滿氣勢磅礴的蔥花，蔥花如小山丘一樣，幾乎是看不到蔥花底下的豆干海帶豬頭皮。

店家動員的組織人力，看起來好像都有親戚關係，或即使是女人們來兼差打工，大概都有好幾年合作默契了，熟練，懂得招呼客人，也因為都是熟客關係，誰喜歡吃什麼，誰習慣配什麼湯什麼小菜，或市場裡面哪個賣豬肉的哪個賣乾貨的，幾點鐘要吃什麼麵，就拿個小托盤，端幾碗麵送過去。大嗓門吆喝聲中，每個人的腦袋好像安裝了機動性超強的小雷達，有縝密的分工組織，也有長幼輩分的行禮規矩。有時候我只是叫了一碗幾十塊錢的榨菜肉絲麵，卻因為麵店跑動的人情味而深深覺得這樣的店家人情真是美味極了，根本物超所值。

近來還有年輕一輩的成員加入，穿著垮褲戴著棒球帽的大男孩幫忙算帳端麵，穿著緊身T恤超級短褲的馬尾小妹幫忙收碗，看起來是阿公模樣的男主人穿著襯衫西裝褲搭配皮製涼鞋，背著手站在麵攤前面招呼熟客，麵店一家人，祖孫三代，貌似旁支的阿嬸阿姑姨婆來幫忙，靠麵攤過活，靠做生意的態度傳承，所謂菜市場麵攤的流儀，既生猛又有魅力。

除非像東安市場那樣漸漸因為流失客群而剩下稀落幾攤還堅持在那裡做生意，麵攤也才會跟著熄燈，但是當年因為小孩考上台大而請吃麵的那家麵店，後來也轉型做小規模的手工麵條販售，只是我好思念他們的湯頭滋味，清爽的大骨湯，漂浮著肉燥、肉片、小白菜和綠色韭菜，麵條軟硬恰好，已經是沒辦法重現的夢幻逸品了。

台灣也有大眾食堂

在日本旅行時，常常在小車站旁邊的商店街發現所謂的「大眾食堂」。裝潢普通，有些是榻榻米座席，或木頭長條桌，牆上貼滿手寫菜單，老闆廚師店員都有點年紀了，店內用餐的人看起來也都像在地的熟客，如果在大學附近，甚至成為學生非常倚賴的食堂。畢竟餐飲的定價便宜，吃飯吃麵都有，有些食堂還可以喝啤酒跟清酒，飽餐一頓絕對沒有問題。

可是對一個外國人來說，要走進那樣的大眾食堂，真的需要一點勇氣，要看懂那些手寫字體菜色，起碼要有基本的日語理解能力才行。更何況那一屋子用餐的人，看起來可都是熟人，一個陌生外來客突然走進那個空間，眾人目光剎那間靠攏過來，應該很尷尬吧！

這大概是我剛到日本生活時，站在大眾食堂前方，始終提不起勇氣推門進去的原因。即使後來的日語能力大概能理解牆上那些菜單，還是情願到那種門口有部機器可以投幣點餐的連鎖店用餐，對於大眾食堂，依然還是抱持膽怯的心情，應該是臉皮太薄的原因吧！

某一年春天到大阪旅行，來到中崎町車站附近的商店街，那裡並不像天神橋筋商店街的規模與人潮，反倒有不少神祕的小店。有些看起來是晚上才營業，做酒水生意的，或許還能投幣點歌，像古老的卡拉OK店。還有幾間賣熟食和蔬果的老鋪，也有打鑰匙刻印章的小鋪子，以及小小的五金行，和提供慢性病處方箋服務的小藥房。

那個時間點有些尷尬，雖然接近中午，但我吃了商務旅館的免費早餐，肚子裡還有味噌湯擋著飢餓，可是站在商店街一家名為「力餅」的大眾食堂，卻被那樣的懷舊氣味給吸引了，好像被下蠱一樣，直接定杆在店門口，忍不住透過方格子的玻璃門，努力往內看。

裡面已經有不少用餐的人，門邊有個小窗口，賣紅豆內餡的「お萩」，一種以糯米為原料，類似麻糬口感的傳統日本媽媽手作甜點。我原本就很喜歡吃萩餅，在那裡張望的時候，店內走來一位穿著長袖工作圍裙的老太太，對著我比著手指頭一，接著比二，我大概懂她的意思，立刻手比一。她還問我，是不是要邊走邊吃，我點頭說是，她就用薄紙輕輕捏了一個萩餅交給我。

我就坐在力餅食堂對面還未開門營業的小店門口一張凳子上，吃著甜度恰好糯米口感也非常棒的甜點，甜食還可以吃出清爽真的很特別，可能是萩餅刻意留著糯米顆粒的緣故，但是這家食堂的萩餅也太棒了吧！我想起剛剛把餅遞給我，同時還收下銅板的那位老太太手上的皺紋，想像那樣的手紋做出來的甜食，就更覺得美味了。

當晚回到旅館，查了一下力餅食堂的歷史，可不得了啦，最早可以追溯到明治二十二年（一八八九年），創立於兵庫縣豐岡市豐田商店街，一開始只賣饅頭，之間經歷過廢業，到了明治二十八年在京都寺町六角以「勝利饅頭」重新開業，之後又因為經營不善，打算廢業之際，接收到資金注入，到了明治三十六年（一九〇三年）以「力餅」為名，將店鋪大舉改造，打響所謂的「甘黨食堂」名號。到了大正末期，才加入飯類與麵類的菜單，加盟店遍布日本近畿地區，極盛時期甚至超過一百間店鋪。不過在店主逐漸高齡化，缺乏後繼者，而來店用餐客人也漸漸衰退的情況下，力餅大眾食堂的店鋪也慢慢減少中。

那天我坐在中崎町力餅食堂對面的凳子上，看著那間店的客群，果然以中高齡者居多。店內提供的餐點包括壽司、烏龍麵、蕎麥麵、中華麵、咖哩麵、咖哩飯、丼飯、雜煮等，各類定食的價格都在日幣五百到六百之間，外賣餐點除了萩餅之外，還有「赤飯」（紅豆飯），選項還真的不少。比起居酒屋，這類大眾食堂感覺起來更為庶民，銅板價格就能吃飽。

於是我想到，台灣也有類似這樣的大眾食堂，雖然還不到力餅食堂這樣兼具歷史與加盟的規格，可是不少小鄉鎮或即使是大都市的舊城馬路邊，也可以看到這類提供庶民飽餐一頓的食堂。菜單貼在牆上，點菜用講的，或是勾選那種薄紙張的單子。店內總有一鍋肉燥，或肉燥分成幾個方格，裡面小火煮著筍絲、油豆腐、滷蛋和焢肉。主食可以選肉燥飯、雞肉飯、湯意麵乾意麵、湯板條乾板條、羹米粉羹麵羹湯，比較厲害的還會有一大盆炒米粉。湯類則是一盅一盅煮好，放在蒸箱裡面加熱保溫，有香菇雞湯、苦瓜排骨、酸菜肚片、豬心湯、四神湯，甚至有豬腦湯，一人一盅，恰好的分量。

燙青菜的選項通常有番薯葉、豆芽菜、A菜，滷味配菜那就更豐盛了，可以切一盤豆干海帶豬頭皮最後鋪上滿滿的蔥花，或是切一些白煮生腸脆腸豬皮粉腸淋上醬油膏跟哇沙米還附上一大把薑絲。最推的還是油豆腐跟筍絲，因為在肉燥鍋裡「焢」很久了，尤其油豆腐的毛細孔都張得很開，咬下瞬間，真的是爆漿啊！

這種店面大多是家人一起經營，譬如媽媽帶著兒子與兒媳婦，餐點選項很多，他們好像已經練就嫻熟的默契，聽到客人點餐，就開始分工，誰去下麵，誰去添飯，誰去切滷味小菜，誰去燙青菜，誰去蒸箱裡面把那一盅一盅的熱湯「夾出來」。上餐很快速，算帳也很清楚。

我在散步途中，很喜歡找尋這樣的食堂用餐，大概只要一碗雞肉飯、一盅酸菜肚片湯，一盤燙青菜，再加上一塊油豆腐，就已經飽到不行了。而這樣的一餐花費，頂多也新台幣百元上下而已。

改編自一青妙、一青窈真實人生的電影《媽媽，晚餐吃什麼？》的導演白羽彌仁曾經在受訪時提到，因為在神戶吃過雞肉飯，因此對台灣料理念念不忘，一心一意想要拍一部關於台灣的電影。於是我想到，譬如像白羽導演這樣熱愛雞肉飯的日本人，一旦走入台灣的大眾食堂，類似我形容的那種菜色眾多，上餐快速，百元上下就可以有飯或麵，有配菜，有熱湯的台式大眾食堂，畢竟要看懂牆上的菜單，或想要融入店內看起來似乎是在地熟客用餐的氣氛，對外國人來說，就如同我站在日本的大眾食堂一樣，會不會也有點猶豫呢？

人生如果是小菜一碟

我對小菜是偏愛的，也許是因為到餐館或麵攤一坐下來，正菜還需要一些時間，先選幾盤小菜來填肚子，那時最餓，什麼都好吃，小菜就趁虛而入，那原本就是小菜的使命。

但小菜可不能馬虎，小菜做得好，正菜就可以期待，小菜做得敷衍，正菜就讓人操心。譬如涼拌小黃瓜必須酸甜到位，還要有點辣，有恰到好處的濕潤，同時保有脆度嚼感，這可不容易。

好吃的干絲也要講究，要是過柴，好像嚼橡皮，倘若太軟嫩，又覺得空虛，最好胡蘿蔔芹菜木耳切絲一起拌到徹底，才有辦法在小碟子上面疊出顏色迷人的小山丘。

水煮花生也是一絕，等正菜上桌的空檔，如果同桌的話題枯燥了，拿筷子練習夾花生就變得有意義，掌握力道平衡完全需要專注力，也就忘了對話的枯竭尷尬。水煮花生可以換成油炸還沾了薄薄的鹽，咀嚼的聲音在自己耳內共鳴，那又是另一個層次的放空。花生在小菜的江湖走跳，全然是練內功的那個派別。

帶著綠色軟殼的毛豆更是微妙，水煮過，以香油鹽巴黑胡椒調味，吃的時候就靠上下牙齒咬住軟殼中央凹陷的地方，再順勢把第一顆毛豆拖出來，然後往第二顆毛豆前去。那軟殼吸附的調味，靠吸吮與口水的工夫，幫內裡一身青綠的毛豆裹上滋味，這是吃毛豆這款小菜必然要花時間的工夫，如果事先把殼剝掉，跟切成細小方塊的胡蘿蔔跟罐頭玉米粒炒過，就變成便當菜讓人聞風喪膽的三色豆了。

至於豆干海帶花干豆皮，就要跟切成薄片的豬耳朵豬頭皮與對切成小船那樣的滷蛋擺盤，上面還要灑滿切碎的青蔥，歡樂開轟趴的格局，畢竟盛情難卻，非得從小菜檯面端走不可。

我還喜歡烤麩這道費工的小菜，吸飽湯汁的烤麩，入口之後，湯汁回填的力道像湧上岸的潮水，完全沒在客氣。我專挑烤麩吃，把一起入菜的香菇筍片和木耳都留給其他人，反正吃小菜的手腳要快，就那麼一點分量，稍微猶豫，只好處理小碟邊緣殘留的蔥薑蒜與辣椒了。

住家附近有幾間小菜做得認真的小館子，像我這種貪戀小菜的人，尤其天熱的時候，也不吃主食了，外帶各種小菜配啤酒當一餐。老闆說，這樣夠嗎？要不要再來十顆水餃或一碗炸醬麵？我一直搖手，好像聽到什麼恐怖的提議，畢竟一個人的外帶，才有辦法把小菜當成主食，這種囂張的偏執也唯有一個人獨處才辦得到吧！

最近發現常去的牛肉麵店推出新款小菜，龍鬚菜先燙過，以少許麻油跟鹽巴蒜頭調味，放涼之後，非常爽口。可能是太受歡迎了，不見得每次都吃得到，撲空的時候，老闆就鼓吹另一款作法相同的涼拌四季豆，從老闆的表情看得出來，那必然也是放了感情的自信之作，果真那涼拌四季豆也充滿愛。

過去有一段時間，朋友很愛約去老眷村口的麵館碰面，那麵館的小菜像國家級的閱兵儀式一樣，連紅糟肉與醉雞這種等級的工夫菜都擠進來，偏偏每樣都很誘人，小菜碟子把桌面占滿了，等到每個人點的麵食上桌，反倒成為配角，一邊打嗝一邊怨嘆吃不下了，那畫面真的很爆笑。

人生啊，遇到挫折的時候，往往彼此砥礪，說那不過是小菜一碟，應該很容易克服，不過也有另一層意思大概是說接下來的主菜恐怕才棘手。如果可以，小菜一直端上來的人生應該還算順遂，我吃著小菜的時候，常常這麼想。

關於燙青菜的思慮

不知道從什麼時候開始，外食如果不點一盤燙青菜，就會覺得虧欠了當時坐下來用餐的自己。也不只上門用餐的客人出現這樣的內心小劇場，老闆老闆娘也是順口就問，要不要燙點青菜啊？那口氣表情彷彿關注你排泄順暢長達數十年的家庭醫師，感覺消化能力都被關注了。

「今天吃青菜了沒？」似乎成為好國民守則的每日叮嚀，有時候去菜市場買菜，明明已經挑了筊白筍胡蘿蔔木耳小黃瓜，老闆卻還是理直氣壯問說：「都沒買青菜，這樣不行喔？」但分明有啊，可是老闆說：「叫你吃青菜就是綠色葉菜啊～」原來我們之間的認知不一樣。

小時候我家三餐開伙，甚少外食，因為住家鄰近眷村的關係，若有外食機會，通常是去吃外省麵也就是陽春麵。當時家境只算是小康，外食至多的豐盛就是切一盤豆干海帶，加上對半切的滷蛋，撒些蔥花，淋上香油醬油，就覺得超級澎湃了。以前的台南小館子不太流行上餐之前提供小菜，桌面大概只有醬油碟而已，直到在台北讀書就業，與同學或同事外食，才見識到小皿裝盛的小菜那麼豐富。只是剛上班的菜鳥上班族手頭有點緊，最常選擇的小菜就是涼拌小黃瓜或涼拌黃豆芽，小魚乾似乎貴一些，如果是蔥燒鯽魚或是青椒鑲肉之類的「小菜」，根本不敢伸手拿，目測大約是覺得貴，實際上也是貴。

等到手頭較寬鬆了，一旦外食，不管吃什麼飯麵主食，切了什麼豆干海帶滷菜，都會搭配一盤燙青菜，可能是擔心每天青菜攝取量不足，日日提醒如唸咒語，都不覺得煩。

燙青菜也幾乎成為小攤小館的固定菜單，最常出現的是地瓜葉與大陸妹，大陸妹這青菜真的很微妙，以前完全沒聽過，瞬間就竄紅起來，成為燙青菜的主力。雖然經過正名為福山萵苣，如果點餐的時候跟老闆說要一盤福山萵苣，老闆可能會給你一個謎之表情。總之，不管是大陸妹還是福山萵苣，對我來說，都有A菜系列的微妙苦味，在考慮燙青菜品項的瞬間，通常會被打入戰力外，純粹是個人喜好，希望不要得罪A菜的栽種者與喜好者。

燙青菜的類別往往跟隨季節氣候而有所不同，有些店家會將當日燙青菜的選項手寫在厚紙板，高麗菜大出的時候，就會進入燙青菜的先發名單，連日大雨或颱風過後，通常吃不到燙空心菜，這時候燙豆芽菜就要負責撐起救援牛棚。

燙青菜的特點就是吃得到青菜快速在大鍋熱湯裡滾燙幾下就起鍋的那種生猛纖維口感，店家各有不同的醬汁調配風格，有些搭配油蔥酥醬油，也有淋上肉燥滷汁，我偏愛的是蒜頭醬油膏。艋舺龍山寺前方有一間老字號旗魚米粉湯，他們做的涼拌茄子雖只有蒜頭醬油膏調味，味道卻特別迷人。也有芥藍菜清燙之後，順著同一方向排好切齊，端上來的小碟子，彷彿看到列隊立正躺平的芥藍菜部隊，也是簡單淋上蒜頭醬油膏，略帶甜味，吃的是低溫涼菜的口感，搭配燙口的米粉湯，似乎很合。

與燙青菜看似不同派別，但有同樣身手的是滷到透味的筍絲。我對筍絲簡直毫無防備，見一次就要吃一次，筍絲通常不在燙青菜的隊伍裡，屬於其他聯盟，如果點一盤筍絲，就會想要搭配一塊油豆腐，不知道是怎樣的魔咒，總覺得筍絲跟油豆腐就應該一起被吃掉。

有時候也會因為醬汁毀了一盤出色的燙青菜，即使燙青菜只是桌面上的配角，都覺得那樣草率去處理燙青菜顯然不夠誠意，因此邊吃邊生悶氣，但最後付錢的時候，還是沒勇氣跟店家抱怨。

我很喜歡的一家日式拉麵，菜單之中有燙高麗菜的選項，他們選的高麗菜品種有很好的爽脆口感跟甜味，並沒有淋上任何深色醬汁，單吃高麗菜即可，將高麗菜埋入拉麵的豚骨湯裡更棒。一般日式拉麵頂多就放少許筍乾或木耳，很少有其他青菜，可能是我小時候吃外省麵的習慣太執著了，外省麵一定要有小白菜，小白菜歉收的時候，以空心菜或青江菜取代時，我也會生悶氣，倒是吃這家日式拉麵總會搭配一小盤高麗菜，把高麗菜埋入湯底，變成我跟往昔重逢的內心小戲碼。

有一次在台南吃米粉湯，不是粗米粉，而是淋上肉燥的那種細米粉，因為店家的燙青菜名單有豆芽菜，嗜吃豆芽菜的我立刻就上鉤了，點了米粉湯外加一盤燙豆芽菜，沒想到餐點送上來，米粉湯裡的豆芽菜分量，大概跟我加點的燙豆芽菜差不多，那天足足吃了兩倍分量的豆芽菜。

常去光顧的一家牛肉麵店的菜單之中，也有燙青菜，我觀察到一位歐美臉孔的常客，從一開始只會用湯匙吃牛肉湯，慢慢也拿筷子吃牛肉麵，最近發現他也開始吃燙青菜了。也曾有日本朋友問我，台灣人外食為何一定要點燙青菜，而且以綠色葉菜類居多？我想是不知不覺做了決定吧，如果沒吃青菜似乎就不對勁，畢竟整天都很介意吃青菜了沒，燙青菜已經變成文化現象了吧。

垃圾食物

已經離開傑尼斯關八的錦戶亮，曾經主演過一部由漫畫改編的電影《羊之木》，劇情描述一個嚴重人口流失的小鎮公務員，某天突然接到政府指派他負責一項重刑犯的更生計畫，祕密安排六個有前科的假釋犯重新適應社會。其中一位因為傷害致死罪遭到判刑的更生人，出獄之後立刻去投幣買了一罐碳酸飲料，他說獄中完全禁止飲用這類垃圾飲品，喝過之後打嗝的氣體感，有自由的感覺。

受到這部電影的影響，每次在壓力爆炸的時候，我就會去打開便利商店冷藏區的玻璃門，挑一罐碳酸飲料，站在路邊仰著頭把飲料喝完。對我來說，雖不至於跟自由的感覺劃上等號，但是打嗝的時候把體內怨氣吐出來的短短一到兩秒過程，變成一種 Reset 儀式。過去碳酸飲料因為添加了過量糖分而被列舉為垃圾食物，現在自製碳酸水突然標榜養生概念，有點不習慣。

對飲食自律的人來說，垃圾食物是不能踩的禁區，但是自律久了，如果不適時放鬆一下，很快就會斷掉吧！我不是太過自律的人，雖然也會想辦法避開垃圾食物，但偶爾就會特赦自己，以最糟糕的姿勢像鼻涕一樣癱坐沙發，藉垃圾食物重新振作。口頭稱呼它們為垃圾，內心卻愛得要死。

重要的球賽轉播，或像金馬獎、金鐘獎、金曲獎或 NHK 紅白歌合戰那種一坐下來就非得三、四個小時起跳的節目，也不必顧慮熱量或養生了，若沒有可樂啤酒洋芋片鹹酥雞，就會覺得不盡興。任何健康檢查之前總會忌口一段時間，確定相安無事之後，立刻請出垃圾食物來慶功，邏輯實在很糟糕，但只有放縱一下而已，不會天天墮落。

有一陣子，大家開始檢討三合一咖啡或沖泡式奶茶裡的奶精成分，平常我也會盡量避開，但是出現「什麼都不管了，只想開心」的時候，就特別想要來一杯三合一跟一點都不健康的沖泡式奶茶。講究現磨手沖的咖啡達人一定不把三合一放在眼裡，自從發現東野圭吾筆下的湯川學教授在實驗室也是喝即溶咖啡時，我就完全放心了。

猶如在謹慎飲食的日常鑿一個小洞，偶爾藉垃圾食物墮落一下，應該沒關係吧！

蝦仁飯是我家的日常菜色

前陣子，朋友傳了臉書私訊給我，提到一位出身台南的學弟，說要帶他去吃蝦仁炒飯跟蛋花湯，還打包票說：「你一定沒吃過。」當場他只是回了學弟：「不要被我笑死，怎麼可能沒吃過，不就是蝦仁炒飯跟蛋花湯嗎？」結果一吃，還真的沒吃過。他平常不太吃蝦子，「但是那蝦仁炒飯，我可以。」甚至打探學弟什麼時候回台南，可以幫他打包一份上來嗎？

確認之後，果然是海安路的蝦仁飯。

雖然我在台南出生長大，可是海安路的蝦仁飯，也是直到幾年前，從觀光客口碑傳開之後，以拉回式的打擊方法，擊中像我這種以東門城外為覓食版圖且宅性堅強的台南人之後，才抱持著嘗鮮與本地人認證的精神，外帶了一碗蝦仁飯，但也僅僅那麼一次，對我來說，那種蝦仁飯的作法，其實在家就常吃了。

我們家吃米飯的習慣，很喜歡「攪飯」。自小被大人餵食，到學會自己拿筷子拿湯匙扒飯，就一直被長輩教育著，用湯汁來「攪飯」，比較吃得下飯，吃得多，就長得快，大概以這樣的邏輯被餵養長大。所謂的湯汁，不是那碗湯，如果用湯攪飯，就變成「飯湯」了。攪飯的湯汁定義，可能是像滷肉的肉汁，煎魚滲出來的油，紅燒糖醋魚那種勾芡的芡汁，豆干炒肉絲的醬汁，或者是九層塔炒茄子、豆豉蒸魚等等，各種濕濕潤潤的料理「生」出來的醬汁，都可以拿來攪飯。

父親常提起他小時候家裡貧窮，如果有一小尾魚，就加鹽巴跟少量的水，煮成一小鍋鹹湯，一家十幾個人，未必吃得到魚，但起碼可以用鹹湯「攪飯」，有時也未必有米可以煮飯，只能吃番薯籤。

到了我這一輩，距離戰爭跟貧窮已經比較遠了，總之，以魚肉菜餚的湯汁「攪飯」已然成為習慣，因為有了鹹度跟濕度，米飯變得濕濕軟軟，比較容易下飯，就那時父母在餐桌上的教育原則，一概以「飯有沒有吃完」為評斷標準，吃不下飯就會被懷疑是不是吃太多零食，要是能夠吃完一碗再添一碗，才是好寶寶。

而母親最擅長的炒飯種類，就屬麻油飯跟蝦仁蛋包飯，不過在國中到高中那六年的便當歲月裡，母親的便當烹調準則就是一定要有「攪飯」這道程序，她認為白白的米飯看起來比較不好吃，台語說的「白白扒」，感覺起來有點可憐，母親可能不希望我們在同學面前打開便當盒蓋時，有「敗陣」的挫折吧！她會想盡辦法把整個便當鋪滿配菜，譬如有很大塊的滷肉或煎到油油亮亮的肉魚白帶魚虱目魚，青菜色澤也要豔麗，至於藏在底下的白飯，要吸飽湯汁，所謂濕濕軟軟的口感，大概就是我家便當的主流精神了。

而母親炒飯的手法，跟近來名廚定義的炒飯要炒到「乾、鬆且粒粒分明」的原則十分不同，她覺得炒飯要「黏」，要有「濕度」和「油亮」的外觀跟口感，所以她不會將炒飯挑鬆，或是讓米粒在炒鍋裡面蹦跳，而是用鍋鏟不斷地「壓」與「翻面」，透過反覆的「壓」與「翻面」，炒飯變得濕黏而油亮，也會出現黏鍋的「鍋巴」，那鍋巴有焦香味，小孩常常搶著吃。不管是蛋炒飯、番茄醬蛋炒飯、蔥花蛋炒飯、麻油蛋炒飯，都是按照這樣的原則，以她專業主婦掌控灶台爐火的氣勢，別想跟她爭辯什麼炒飯要炒到乾鬆而粒粒分明，她會翻臉。

至於觀光客很愛的台南蝦仁飯，其實在我家餐桌算是日常菜色，尤其是帶便當那六年，便當菜如果有「蝦仁」，就屬於澎湃等級了。母親算是菜市場的剝蝦採購大戶，她從帶殼蝦子開始挑起，挑好一盤才給老闆剝殼，還要把蝦子背上的「沙筋」挑乾淨。買來的蝦仁加青蔥米酒鹽巴炒出豔紅濕潤的強大氣場，鋪在便當盒的米飯上面，蝦仁湯汁滲入飯裡，便當是早上現做，正午經過學校蒸飯箱的第二道回溫，米飯幾乎吸飽湯汁精華，那就是非常厲害的蝦仁飯了。

我跟朋友形容我家蝦仁飯的烹調過程，他才恍然大悟，原來他母親原本就不愛湯汁拌飯，所以家裡的餐桌從來不會出現這種濕濕軟軟的飯，所謂炒飯，也都是粒粒分明，因此吃到他學弟介紹的台南蝦仁飯，才覺得新奇。

大抵一個人對於吃食的標準養成，跟原生家庭母親料理的癖好有關，如果家裡是父親掌廚，應該也是一樣道理吧。

早餐應從容如緩慢行板

以前還在職場上班時，早餐多數都靠便利商店的咖啡加肉包組合，或是辦公大樓旁邊的餐車，快速拎走廣東粥或大腸麵線，有時候選奶茶搭配總匯三明治，總之，睡眠與通勤時間互相拉扯的結果，只能犧牲早餐該有的從容。辦公室一坐下，一邊打開電腦主機，一邊打開早餐的塑膠袋，幾乎是標準的SOP。有時食不知味，有時從變換早餐菜色之中尋找小樂趣，想起來似乎有點悲涼。

決定在家工作之後，就期許自己無論如何都要把早餐當成一天緩慢開機的儀式，如慢歌行板，緩緩甦醒，慢慢解鎖，直到精神抖擻為止。

清晨醒來，不帶勉強，而是時間到了，眼睛張開，慢慢拉開筋骨，慢慢走去刷牙洗臉，慢慢喝一杯溫水，慢慢站在看得到遠方雲朵的陽台，開始思考，要煮什麼早餐。

蘋果一定要有，以前曾經想過，如果堅持早餐吃蘋果可以超過十年，應該能成為偉大的人吧！但實驗結果並沒有變成偉人，既然成為習慣，那也無所謂了。現磨現煮的咖啡加很濃的牛奶調合成小時候熟悉的咖啡牛奶味，已經成為早餐定番，偶爾懶惰就喝三合一也沒關係。有時候煎牛肉，只用鹽巴調味，或是捏一小把義大利香料佐味，要不然就快炒豬肉片，灑上孜然粉。夏天用有機生菜配紫蘇和風醬，或馬鈴薯胡蘿蔔水煮蛋添加美乃滋做成老派沙拉，冬天就把生菜切成細長條，切一顆蒜頭，快炒成「溫野菜」。

麵包可以是白吐司、丹麥吐司、全麥吐司，抹上有點鹹味的奶油，或自己喜歡的果醬，譬如橘子或草莓口味。有時候用吐司夾肉鬆魚鬆，也覺得好吃到爆炸。

對了，差點忘記雞蛋。早餐要是加入雞蛋，即使是簡單的白煮蛋，都覺得戰力猛然提升到A段班的氣勢。白煮蛋沾鹽巴，類似童年吃到鄰居家送來滿月油飯的喜氣，不管是蛋白或蛋黃，沾少許鹽巴一起入口，將舌根唾液勾引出來，就十分美味了。蛋料理之中又以煎荷包蛋的難度最高，保持蛋黃半熟的程度最棘手，因此就偷懶將甜椒、洋蔥、胡蘿蔔、杏鮑菇、蔥花、高麗菜、小黃瓜一一切碎之後，加入打到冒泡的蛋汁裡面，熱油鍋，倒入蛋汁，用少許鹽巴和薑黃粉調味，兩面煎成金黃色澤，單吃或夾吐司一起吃，有時捲起來做成玉子燒也很美。

削蘋果皮的聲音、切青菜的聲音、磨咖啡豆的聲音、摩卡壺沸騰的蒸氣聲音、烤麵包機跳起來那「噹」的一聲、平底鍋煎肉片或煎蛋的聲音……

我喜歡如緩慢行板的聲音集結起來的早餐時光。

第三章・吃四季

Chapter 3

突然想起來的過年滋味

農曆年前夕，照例又是面臨各種在終點線之前賣力衝刺的混亂狀態，年假前夕的混亂也就預告了年假開始之後彷彿另一個世界的到來。身為媳婦的突然要走入婆家廚房張羅好幾家人的三餐，身為女婿的不曉得回到太太娘家敢不敢坐在沙發蹺腳，未婚的可能要被逼婚，還在讀書的應該會被長輩問一百次考第幾名，家人團聚就變成長年離家生活之後到底能不能適應彼此生活作息的驗收作業，有點累但也有點期待。然後突然想起人生至此的那些過年才嘗得到的滋味，果然味覺走在感性知覺前方，是人類的本能。

小時候家裡吃的鹹粿甜粿發粿，都是阿嬤率領媳婦們一起手作，據說阿嬤炊粿的技術好，還接受村子鄰居下單，當時根本沒有網路接訂單這種異次元的武器，阿嬤也不識字，全靠腦袋強記，她晚年還當起村子裡的金蘭醬油零售商，存貨跟該付的貨款清清楚楚，非常厲害。

阿嬤做鹹粿是從泡米的階段開始一步一步照規矩來，屋邊還有個石磨，一人推石磨，一人舀泡過的米，節奏要配合好，是很精彩的力學與默契。白色米漿從石磨縫隙緩緩滲出，收集成一大水桶，再分別舀起來盛入大小碗公，每碗均分少許新鮮蚵仔和碎碎的虱目魚肉，最後放進大灶蒸煮，蚵仔與虱目魚肉的鹹甜鮮味滲入粿身的毛細孔裡，稍稍放涼，搭配阿公手作竹籤在鹹粿中間劃十字，淋少許醬油，這種鹹粿大約是阿嬤獨創，往後也沒機會吃到這種配料狂野的過年鹹粿了。

長大之後，加上阿嬤離世，老家的石磨後來搬到新家當成花園造景，過年只能去菜市場買現成的粿，拜拜過後，發粿就放電鍋蒸過。一直覺得發粿無論是口感或滋味都呈現一種無法理解的神祕感，整個人設很接近卡通《櫻桃小丸子》那位常常站在陰影裡的野口同學。

甜粿就切成易入口的長條狀，先將雞蛋調和炸粿粉，攪拌到均勻無結塊的濃稠狀，甜粿放進去裡面滾一圈，裹上薄薄一層，就放進油鍋半煎半油炸，剛炸好的甜粿最好吃，放涼之後反倒像洩了氣，不那麼蓬鬆。這些年因為家裡長輩也不太能吃甜，過年買的甜粿越來越小塊，拜拜之後放入冷凍櫃，常常放到清明或端午，也沒人發現。

鹹粿的部分就選菜頭粿或油蔥肉燥粿，有時候切一切煮成粿仔湯，可我最喜歡的還是切塊之後少油乾煎，最後淋上醬油，放入切得細碎的蒜白，也是趁熱吃最美味，放涼之後其實也不錯，但就是缺少那份剛起鍋的焦香味。

以前在老家吃年夜飯，整桌幾乎都是湯，豆薯蛋花湯、鹹菜蚵仔湯、魷魚螺肉蒜，可以配飯的大概就是抹鹽巴乾煎的土魠魚，還有拜拜三牲之一的鹹五花肉切片。阿嬤做的鹹肉堪稱一絕，正餐之前大概就被捏走大半，後來我自己嘗試做過，不知道哪道程序少了什麼獨門訣竅，滋味就是一般市場販售的大眾款。

我們家過年很少吃臘肉，過年前倒是會去茄萣漁港買很多烏魚子，烏魚子不只過年吃，還放到清明包潤餅。

想念的還有過年之前就準備妥當，放在客廳桌上等客人來訪時，用來「過年吃甜甜」的各色糖果。也不只糖果，還有寸棗、花生仁，有時還放了瓜子或開心果，還有一種長條狀的三色軟糖，軟糖外面裹了薄薄一層可食用的透明紙，我特別喜歡這款軟糖，專挑來吃，如果有花生酥也一併挑走，往往客人還沒來訪，先嗑掉一大半。

不回阿公阿嬤家過年之後，家裡的年夜飯菜色就看母親一人表演了。固定會有腰果蝦仁和白斬雞，拜拜過的那尾魚就做成糖醋口味的五柳枝，一定會有炒米粉，也會有烏醋燴海參，我們家很少吃黑橋香腸，倒是連著好幾年都去排隊買城內友愛市場對面店家的香腸，後來實在是因為排隊好辛苦，就近買東安市場的香腸，其實也很美味。我媽常說她沒什麼拿手菜，但揮灑起來也是一桌澎湃。

已經好幾年不在家過年，也沒有力氣準備年夜飯了。這些懷念的滋味，變成飯店自助餐偶爾拿出來應景的年味，每次跟家人在除夕夜到飯店check in時，會特別在櫃檯的糖果盒翻找三色軟糖，或提早買一包寸棗來思念一下年味。

感覺過年越來越缺少年味，可能是因為自己已經不是小孩了吧！

年夜飯才上桌的腰果蝦仁

腰果是我小時候非常喜歡的夢幻零食，但不是自己拿著銅板跑到大馬路旁的柑仔店，努力踮起腳，跟阿桑買五香乖乖或白雪公主泡泡糖的那種零嘴等級，非得要等父親北上出差回來，才有機會品嘗。據說是在台鐵的販賣餐車買來的，小包裝，定價不便宜，四個小孩均分，大概只能吃到四、五顆，於是捏在手心，捨不得吃，可是那腰果蜜了一層薄糖，捏到出汗，薄糖融化了，只好用力把那些黏在手上的糖汁舔乾淨，吃相有點狼狽。不過腰果本身香脆的口感，依然讓我對父親出差歸來的皮箱充滿期待。

後來母親不曉得從哪裡學會腰果蝦仁這道菜，那時就算跟菜市場乾料商買生腰果，價格也不便宜，只能在年夜飯的餐桌出現，一年一次，好像牛郎織女來相會。

腰果要先炸過，油溫尤其困難，每次站在瓦斯爐旁邊看母親炸腰果，看她空出一手把我往後推，生怕油花濺起來，倒是她自己被油噴到也從來不喊痛，她說主婦的手是「烘爐手」，意思是很耐熱。

炸腰果的那幾分鐘，整個廚房都是誘人香味，只要嘴巴張開大口呼吸，就能把腰果俏皮的氣味全都吞進肚子裡，我總是用力吸，吸到頭頂中央發疼才甘願。

炸到腰果呈現焦糖色澤就可撈起放涼，母親說放涼之後脆度更好，可是剛炸好的腰果實在很誘人，往往一大盤放在電風扇前面吹涼，就被我們捏走半盤，母親少不了發點小脾氣。

一起入菜的蝦仁要跟熟識的市場攤商特別吩咐，那位剝蝦阿姨的拇指與食指各戴著鮮橘色的橡膠指套，不僅剝蝦速度飛快，連那細細的蝦腸都可以用細針工具快速挑起。蝦仁只要夠新鮮，無腥臭，那就不必多餘的調味，直接過油，幾秒之間，色澤轉紅，蝦仁捲成可愛圓球狀，暫先撈起，就用那蝦油將切成薄片的小黃瓜與切段的青蔥快炒，起鍋之前加入蝦仁與腰果快速拌一拌，只要少許鹽巴調味，就可以了。

火要俐落，手腳要快，起鍋時機不能遲疑，畢竟腰果要脆，小黃瓜也要脆，絕對不能悶出汁來，否則就失去這道菜該有的風味了。

我自己的習慣是左手拿湯匙，右手拿筷子，把腰果、蝦仁、小黃瓜、青蔥各一，夾進湯匙裡，再送進嘴裡咀嚼，四種滋味與口感好像感情堅定的夥伴，慢慢就從唇齒之間激發出數百倍戰鬥力，隨即又去舀一湯匙，才一眨眼工夫，那盤腰果蝦仁就見底了，想吃，就要再等一年囉！

過了節分的惠方卷

有一年，全家到京都旅行，京都剛下完雪，投宿的旅館就位在八坂神社側門的小路上，隔天是「節分」，也就是立春的前一日，恰好趕上八坂神社灑豆子祈福活動。負責該次旅行的規畫師，幫我們準備了惠方卷，另有手寫小紙卡說明惠方卷的典故與該年度方位，只要面對該方位，內心想著期待的事情，默默將惠方卷吃完，心願就可達成。那天坐在旅館榻榻米，看著窗外京都人家屋頂瓦片的殘雪，安靜吃著惠方卷，那氣氛真是難忘。

販售惠方卷的風氣，這幾年也吹到台北幾家日式超市，在節分這天吃惠方卷，變成我很喜歡的節氣儀式。

不過，近幾年在節分來臨之前，日本卻出現呼籲惠方卷減量的聲音。原本惠方卷只在大阪一帶流行，後來全國連鎖超商與賣場和網購平台也加入，節分當天應該是銷售高峰，即使在最後時刻打折拋售，賣不完的數量，也會因為賞味期限過了，只能忍痛拋棄。因此這幾年的節分來臨之前，不僅政府單位強烈呼籲，廠商也開始考慮不要為了衝刺銷量而形成浪費。

我想起日本在泡沫經濟時期，有一種說法，女人的年齡就跟耶誕節蛋糕一樣，過了二十五，即使打折促銷，也沒有人要買了。後來這說法因為適婚年齡不斷延後，也有對女性歧視的含義，漸漸就少說了。

不過，耶誕節蛋糕即使過了耶誕節，也可以變成一般蛋糕出售，就好像過了中秋節的月餅，也可以拆成散裝的糕餅繼續賣，端午節的粽子過了端午節，還不至於全部丟棄，只是購買意願會急速降低。倒是每年看到菜市場或賣場堆積如山的發糕甜粿鹹粿，反而更令人擔心。

大概在農曆春節之前的半個月，市場就開始販售各種顏色的發糕，甜粿也有八寶或紅豆口味，鹹粿有菜頭粿跟油蔥肉燥粿，以及純素的米粿，不過大部分消費者應該都會等到最靠近除夕的那幾天才開始添購這類過年應景的糕點。有幾次我在除夕當天，看著市場各攤商，不管是自己炊煮的，還是批發來的，堆成小山一樣，數量很驚人，難免替他們憂愁起來。過了這天，賣不出去的發糕甜粿鹹粿，應該跟日本賣不出去的惠方卷，面臨一樣的命運吧。

做一道細細碎碎的菜

很多年以前，讀了一位文學作家寫的雜文，提到她的原生家庭，都會在農曆過年的時候，炒一道「十香菜」。文學寫作不像食譜，所有食材和烹調過程，都是從文字嗅出氣味，甚至嘗出滋味。我讀過那篇文章之後，也經常做這道菜，從一開始跟作家一樣的食材作法，後來也有了自己的十香菜食譜。而今要來書寫這道料理，反而想不起來，當年到底是讀了誰的文章，於是又在書櫃之中翻找起來，花了一些時間還是遍尋不著，乾脆去冰箱找食材，又炒了一盤切得細細碎碎的十香菜。

原則就是把食材切成適度的長條狀，如果是豆芽菜，就保持原本瘦長的樣子，高麗菜還不到切絲那樣的程度，比切絲還要寬一些，嚼起來有清脆的口感最好。木耳是必要的，芹菜也很提味，胡蘿蔔不可少，就色澤來說，倘若沒有胡蘿蔔，就該有紅色甜椒，多了那幾抹紅，整盤菜看起來就很熱鬧。最近則是喜歡把洋蔥切絲，加入十香菜的陣容。洋蔥一旦炒軟，甜味香味都很足。

最好有豆皮切絲，要不然豆干切絲也行。香菇泡軟切絲，若沒有香菇，任何菇類都好。我喜歡加蔥，蔥綠的部分最後再加入陣容，那綠色就鮮活了。用香菜添綠意也行，我對蔥跟香菜都喜愛，看似配角，卻很搶戲。

洗菜切菜的過程比較費時，只要熱鍋熱油炒起來，也沒什麼特別的工夫，各種青菜的甜味要是擁抱起來，可就無敵了。加一點點鹽巴，或一點點醬油，簡簡單單，很少失敗。

長條狀的十香菜難免炒成尖尖一盤，過量了，但也不是太煩惱的剩菜，隔餐只要做成炒麵或炒米粉，又是另一道料理。

後來就從切絲到切成方塊，或不規則形狀的一口大小，也試過用椰子油把切絲或切塊的菜炒過，再切一尾澎湖小管，最後用薑黃粉調味，沒想到椰子油跟薑黃的味道那麼搭，以十香菜的概念做成的蔬菜澎湖小管，很有南洋風味。

日本作家川本三郎在《少了你的餐桌》這本書裡，有個篇章叫做〈細細切才好吃〉，提到他習慣將醃白菜、紫蘇醬瓜切成細末，妻子總是笑說：「唉呀，又切得那麼細。」他尤其喜歡將夏天吃的醃黃瓜和嫩薑切成末，再撒上柴魚片，據說這樣做成的小菜十分下飯。

於是今年夏天，我也把醃黃瓜跟嫩薑切成末，還拌了納豆，淋少許香油和醬油，加了一點芥末，灑上柴魚片，沒想到，切成細末的這道小菜，真的很下飯。

果真是，細細切，才好吃啊！

絲瓜的消暑用意

大約從幼稚園到小學三年級的那段時間，我家曾經租屋在台南東門城內巷子底的獨棟平房，巷子底除了三連棟的兩層樓建築之外，其他都是低矮平房，每戶人家也都有竹籬笆圍起來的院子。竹籬笆攀爬著黃色牽牛花之外，還有絲瓜。絲瓜藤攀爬的速度很快，絲瓜成形的時候，如果疏於照料，很快就過老了，那就只好任憑絲瓜日曬成為天然菜瓜布，拿來刷洗碗盤鍋具。有些鄰居阿嬸會把透明罐子綁在絲瓜下方，據說是慢慢接「絲瓜水」拿來當作保養品。

可是我家養了狗，只要是小狗跳起來的高度，絲瓜大概都被小狗處理掉了，可能是這個原因，雖然竹籬笆爬滿絲瓜藤，可是用自家絲瓜烹調的機會趨近於零，只能去市場採買了。天熱的時候，母親會煮絲瓜稀飯或絲瓜麵線，天氣較涼爽時，則先用麻油把薑絲炒過，再加絲瓜與虱目魚，煮成湯，或做成飯湯。

以前的絲瓜一旦久煮，色澤多少會變黑，然而農業改革的速度跟品質實在太驚人了，絲瓜品種不斷推陳出新，後來不但有久煮不變黑的牛奶絲瓜，保持「白抛抛幼瞇瞇」的色澤口感，也有矮胖渾圓型的新種絲瓜，外皮紋路趨近深綠色，遠看猶如迷你型的小玉西瓜，吃起來的口感與甜度更甚於牛奶絲瓜，跟那種接近淡綠色的瘦長絲瓜比較起來，體態圓滾滾的可愛型絲瓜，簡直來勢洶洶。

如果上館子用餐，點一盤干貝絲瓜，價錢可不便宜，但滋味實在不錯。在家自己做絲瓜料理時，幾乎不用大顆干貝，而是用碎干貝，要不然就用品質好的櫻花蝦，以蝦米的紅潤色澤，搭上絲瓜綠白相間的配色，光是視覺上的美感就很飽和了。

或許是絲瓜那種絲毫不逞強的清涼綠意，讓人有消暑退火的想像和期待，尤其是高溫熱天，在菜市場晃來晃去，最後總是帶一條絲瓜回來，做一道清清淡淡的蛤蜊絲瓜湯最好。蛤蜊先浸泡在乾淨的清水裡面吐沙，再把嫩薑切絲，絲瓜切片，最好是每片都有綠白兩個顏色，至於刀子如何下，就要花點心思，想想看怎麼切才能如願配色，這是做菜的樂趣。

因為蛤蜊有自然的鹹度，絲瓜又有天然的甜度，料理蛤蜊絲瓜湯完全無須調味。只是，顧忌到絲瓜偏涼，所以加薑絲來平衡，大抵從長輩那裡學來的烹調道理，都強調冷熱協調，瓜類配薑，應該都錯不了。

倒是在市場跟熟識的攤商買絲瓜的時候，老闆會送嫩薑，買蛤蜊的時候，老闆也送嫩薑，想想自己在菜市場也還算吃得開，真不錯。

土芒果的規矩

小時候沒有愛文芒果，只有綠色的土芒果，大約拳頭大小，只要外皮冒出黑色斑點，大概就可以剝來吃了。

但我家吃土芒果的規矩比較囉唆，大約三歲前後，就有全家人圍在一起吃土芒果的記憶。那時候還住在台南青年路的紡織廠宿舍，日治時期留下來的房舍，榻榻米三到四疊的兩個房間，加上木頭地板的簷廊，一間蹲式廁所，一個洗澡間，和一小塊磨石子地板的廚房，說是廚房，其實也只是個可以烹煮食物的灶台而已。

土芒果的季節，大致已經換穿短袖了，小孩就只穿著涼快的棉紗背心，土芒果跟熱天形成一組關係良好的密碼。

吃土芒果有一些準備工作，母親會搬來洗澡用的大盆子，盆子裝滿水，家人圍繞著盆子，坐成一圈。一人一顆土芒果，慢慢捏，芒果捏軟之後，從芒果最尖的頂部咬個洞，一邊用手指頭緩緩用力，一邊從洞口吸吮芒果汁，吸到芒果扁扁的，就交給大人處理。大人剝開芒果皮，把殘留在芒果籽周邊的果肉啃乾淨，最後用盆子的清水洗手洗嘴，再把盆子的水倒掉，順便把磨石子地板刷一刷，完成飯後吃土芒果的儀式。

土芒果很少吃一顆就能盡興，往往一家人吃完一個大水桶的分量。為了防止衣服滴到芒果汁，母親會幫我們圍一條毛巾，用曬衣夾固定。要不然就是手肘撐在膝蓋上，低頭，身體往前傾，盡量讓芒果汁滴在水盆裡。即使這麼小心，一整個芒果季下來，衣服還是會留下芒果的黃色斑點。

長大一點，也試過不捏芒果，而是直接剝皮，豪爽咬果肉，那是另一種風味，感覺自己不是小孩了。

後來出現紅色的愛文芒果，顏色討喜，甜度更好，切盤之後，用牙籤叉來吃，吃法較文雅。只是土芒果有俏皮的青澀酸味，吃法狂野，自成一派。

土芒果吃多了，手腳難免長疹子，母親就把豆腐擠壓出水之後稍稍捏碎，用來煎破布子，據說可以對抗芒果的毒性。但是芒果那麼好吃，想不透怎會有毒，倒是破布子豆腐也好吃，那就沒差了。

冷麵線是夏天的救星

酷熱的盛夏正午，如果需要進廚房備餐，果然還是要靠冷麵線跟涼拌菜才行，否則飯菜還未完成，人就已經熱到蒸發了。

只要一小鍋滾水，下麵線，兩到三分鐘，撈起麵線，放入圓形的竹篩裡，打開濾水器的水龍頭，靠水流與乾淨的雙手輕輕將麵線挑開，沖去麵線的黏稠感，留下冰涼嚼感。如果沒有適合的竹篩子，就找個大容器，放滿冷凍庫預先冰好的碎冰塊，麵線撈起之後，迅速倒入冰塊裡面攪拌降溫，不管是沖水還是靠冰塊的溫差收縮，都有視覺和手指觸感的降溫療效。

整個夏天的高溫戰線大概可以從五月拉長到十月，麵線的存貨必須足夠。有拉鍊夾袋、一小把束成一束的包裝最好，日本「揖保乃系」這個兵庫縣手延素麵協同組合認證的品質都很不錯，屬於我的盛夏冷麵線首選。台灣麵線如果有類似包裝也可以，一餐一束，恰好的分量。雜貨店賣的那種捲起來的台灣傳統麵線，要先剪成恰好的長度，煮麵線的水也要多一些，否則麵線偏鹹，味道不太好拿捏。我喜歡用日式素麵做夏天冷麵線，台式麵線做冬天的麻油麵線，這是經過自己品嘗與烹調修正之後歸納出來的小小心得。

搭配冷麵線的蘸醬與配料，可就自由奔放了。基本款只需將柴魚醬油稀釋，滴一點點香油，加入少許芥末和蔥花，筷子夾一口分量剛好的白色冷麵線，放進琥珀色醬汁裡，涮一下，稀哩呼嚕，入口，生蔥與芥末互相擁抱的嗆味，緩緩衝往鼻腔再迅速撤退，彷彿調皮的忍者，咻地一陣風，僅留下舌根回甘的滋味。有時也把芝麻醬或有機梅子醋加進醬汁一起調和，只要是酸酸甜甜的滋味，都適合加入醬汁，沒什麼嚴格的拘束。

如果有朋友來訪，畢竟天熱，還是要請出冷麵線來幫忙。配料就盡量豪華些。可以清燙一盤蝦，去殼切成小塊，或買現成的鹹水雞胸肉，再花點時間撕成雞絲。另以小黃瓜、胡蘿蔔刨絲，木耳燙過切絲，黃豆芽過熱水之後放涼。柴魚醬汁、香油、辣油等醬料分別用漂亮的小碗裝好，每個碗再安插一支可愛的小湯匙。另切蔥花、生辣椒、香菜、紫蘇葉，嫩薑磨過，用小碟子分別裝好，在桌面排成漂亮的矩陣，看起來氣勢就很不錯。冷麵線以一口大小分量旋轉成花，排列裝盤，每個人一個小餐盤搭配一個小碗，任選調味醬汁與配菜，是最適合夏天宴客的冷麵線排場。聽說日本大賣場買得到流水麵線的設備，真想買一台來組裝，冷麵線宴席的時候可以拿出來炫耀。

寫這篇文章的時候，台北正午氣溫逼近攝氏三十六度，午餐還是麻煩冷麵線登板，果然是救星。

夏天與綠竹筍的關係

開始意識到夏天的季節感，往往是發現傳統市場陸續出現賣綠竹筍的小販，他們總是拎著紅綠藍顏色相間的茄芷袋，一把矮凳子，一個秤子，塑膠布往地上一鋪，就賣起綠竹筍了。生意越好，裝筍子的茄芷袋就越來越瘦，繞著小販周圍的筍殼就越堆越高。小時候跟母親去菜市場，很期待看到賣竹筍的攤子，覺得那是盛夏正式登場的風景。

印象中，那些賣筍子的都是年紀大的阿嬸阿叔，戴著斗笠，阿嬸另在斗笠外側纏著碎花布巾，阿叔就在脖子掛一條擦汗的長毛巾。他們握刀的雙手有厚繭硬皮，總會先問客人筍子要煮湯還是做成涼筍，再決定要不要剝殼。如果不是當天料理，為了保存，會建議先煮過再放冰箱，或在根部的地方抹鹽巴，這些細節，大概從小聽到大，已經成為常識了。

可能是從小看著賣竹筍的老闆如何在筍子殼畫一刀，先削去尖頭，再順著螺旋狀的生長紋路，慢慢褪去外殼，最後以刀子將稍硬澀的外層削去收尾，那畫面寫進腦袋，所以現在去市場買竹筍，會跟老闆表明自己處理就可以了。老闆應該最愛我這種客人了，讓他省去一道處理的工夫。

買到鮮嫩的綠竹筍，怎麼料理都好吃，不太容易失誤。若要吃涼筍，就不要剝殼，整支放入熱水鍋裡煮熟，放涼之後，放入冰箱冷藏，要吃的時候再剝殼切成小塊，蘸美乃滋也好，蘸蒜頭醬油更棒。蒜頭最好選台灣本地品種，小而嗆辣，剁碎之後，在醬油碟裡泡過，那嗆味就有恰到好處的收斂，跟涼筍很匹配。

如果要煮湯就切塊，加上排骨和貢丸魚丸，也可以切絲，起鍋之前打個蛋，煮成筍絲蛋花湯，竹筍湯是少數即使放涼也很好喝的湯品。竹筍有自然的鮮甜味，除了鹽巴，不用其他人工調味，調了，就多餘了。以前農曆七月要拜三次好兄弟，恰好是綠竹筍的季節，母親會煮一鍋竹筍湯來拜拜，筍子留下插香的紅色痕跡，小時候以為那是好兄弟做了記號。

除了綠竹筍，還喜歡母親以前常做的一道便當菜，先以蒜頭爆香，再把切絲的「桶筍」加入拌炒，最後用醬油調味，非常簡單，便當蒸過之後依然維持剛起鍋那時同樣的味道與口感，很下飯。帶有酸味的桶筍切片之後，也可以拿來跟香菇、海參、木耳、油豆腐、胡蘿蔔、豌豆一起熱炒再勾芡，拿來拌飯，就成了配料豐盛的燴飯。

過了夏天的綠竹筍旺季之後，就等天氣變涼，靠接棒的冬筍來解饞了。

烏魚料理的一期一會

時序進入十二月，開始有冬天的寒意時，總會特別期待和烏魚料理的一期一會。

小時候聽長輩說，天氣一寒，烏魚就豐收，那時最常端上家裡餐桌的，是清煮烏魚米粉。整尾烏魚輪切成塊，清湯煮米粉，加上冬季最多汁最好味的青蒜切成薄片，大火沸騰的時候撒下，滴少許醬油調味，隨即關火，蓋上鍋蓋燜一下，那湯頭十足鮮甜卻沒有腥味，全都是烏魚豐收的恩惠。

除了烏魚米粉，母親還擅長另一道烏魚料理，先將烏魚洗淨，拭去水分，切成帶魚骨的厚塊，用麻油煎過，煎到魚皮焦脆，先起鍋，再以蔥薑蒜爆香，添入米酒、醬油、水一起燒滾之後，放入麻油煎過的烏魚，煮到湯汁收乾，起鍋之前，加一些烏醋，再加入青蒜切片拌炒一下，作法類似糖醋，但麻油比例較為強勢。如此烹調的烏魚，外皮有恰到好處的脆度，內裡的魚肉則保持滑嫩口感，很下飯。

烏魚豐收的年度，烏魚子的價錢就便宜一些，品質也好，不過要等到風乾日曬的烏魚子上市，可能接近農曆春節了。早年家裡的年夜飯，還要自己烤烏魚子，先用紹興酒抹過，入味，還要注意烤箱的熱度，烤不熟會黏牙，烤過熟又乾硬易碎，現在可方便了，店家調味烤好之後，真空包裝，急速冷凍，上桌之前，預先解凍，或小烤回溫就好，失敗率幾乎是零。

幾年前去過台南篤加村，南台灣的冬日暖陽，加上自然風乾的條件，村子裡的八十歲阿嬤教大家做烏魚子，整個村子賣烏魚子的部分所得，捐給村裡的孩子買電腦，孩子們再透過網路做電子商務，把阿嬤的烏魚子賣出去。

有人喜歡烏魚子，有人喜歡白色的烏魚膘，魚膘先乾煎過，再用青蒜來醬燒，口感滋味都不錯。魚膘在一般零售市場很熱門，不容易搶到。

日日匆忙，總是等到歲末，發現家裡餐桌出現麻油烏魚時，才猛然想起這一年又要過了。嗜魚的家人，往往一人面前一個小盤，兩大塊起跳的分量，吃到盡興。餘下的醬汁，隔餐拿來乾拌麵線，完全不浪費。

大概在冬至前後，烏魚潮就會來訪，市場魚販總會慫恿：「來一尾吧，今年特別肥美！」但這說詞年年都有，卻年年都深信眼前的烏魚最肥美，也就甘心被慫恿。畢竟睽違一年，思念使然，相看都互有愛意了。其他季節，想吃烏魚可不容易，也就加深了期間限定的珍貴。這時候，除了期待冬至湯圓，還有餐桌上的烏魚，好個一期一會。

天冷的時候想吃什麼

不只是涼爽的那種程度，而是真的冷到哆嗦，凍到骨子裡，衣領必須拉高，或脖子縮在圍巾裡，恨不得裹一床棉被出門，類似這樣的寒冷天裡，會特別想吃什麼呢？

首先是麻油雞。

麻油是配置於低溫底下的一組自動感應密碼，天一冷，從社區大樓前後陽台，就會陸續飄來鄰人以麻油爆香老薑的香氣，那香氣是蠱惑食慾的癮。

接著那一整天，好像每戶人家瓦斯爐下方的流理台都變得出整罐麻油一樣，如果再加上米酒頭，煮鍋麻油雞或燒酒雞根本不太難，或以糯米升級到麻油雞酒飯，或把那層浮在「鍋面」的麻油取來拌麵線也都不是問題。就算自炊不成，走在路上，經過什麼麻油雞老店，嗅到那些麻油薑味迎面而來，好像張牙舞爪魅惑勾引，無論如何都會投降，心甘情願走入店內，吩咐一碗來禦寒。如果還能配上一小盤麻油雞血糕，蘸著薑絲醬油膏，那真是把體內熱能都催到頂了。

再來是米粉湯！

那種大鍋的粗米粉，鍋裡還一併煮著油豆腐跟豬肝連與豬小腸，那米粉湯看起來清爽簡單，可是湯頭卻有好幾道層次，不知用了什麼魔法。若是冷天路過米粉湯小店，看著大鍋沸騰白煙，只要跟老闆比出一根食指，也無須特別言明，大杓子舀起來恰好一個淺淺瓷碗就端上來了。米粉湯灑一些芹菜珠，我尤其喜歡加白胡椒粉，那米粉湯不用筷子吃，而是用金屬湯匙，入口瞬間，簡直燙舌，可是涼掉了，氣勢也弱了，絕對不行。對我這種怕燙的貓舌來說，真是為難。

接下來是窯烤地瓜跟糖炒栗子。

冷天走在路上，只要空氣之中飄來烤地瓜的甜味，應該就投降了吧！標準配置是小推車上面有個圓形土窯，小時候在田裡「焢窯」的美好回憶就會跑出來站在身後搖旗吶喊「選我選我」。烤熟的地瓜用厚紙袋包起來，雙手握著，好像在手心揣個小暖爐。賣地瓜的老闆會特別問：「想吃軟的？還是鬆的？」我鍾愛鬆的，淺黃色的那種，對半剝開來，熱氣從地瓜纖維裡面竄出來，邊走邊吃，邊呼呼吹氣，那模樣看起來是很蠢沒錯，但是窯烤地瓜不這樣吃，恐怕就辜負地瓜的好意了。

在路旁用那種黑色大砂鍋炒栗子，也跟窯烤地瓜一樣，都是有動機的香氣攻擊，冷天路過，很難漠視。很多年以前的冬天，從新宿東口的學校下課之後，搭山手線到池袋換車時，會在西武池袋線 B1 聯絡通道，跟一位老太太買糖炒栗子，小包裝的栗子恰好可以放進人衣口袋，全身都暖了。坐上電車之後，手指頭在口袋裡面偷偷掐破栗子殼，再偷偷拿出來塞進嘴裡。日本電車沒有禁食的規定，但是擠在一堆穿著長大衣的上班族中間，受不了糖炒栗子的誘惑而偷吃，還真是刺激。

還有大腸麵線。

天冷的時候，也會特別想念大腸麵線，或是蚵仔麵線，或者兩樣都加，叫做綜合麵線。也有人什麼都不加，那叫做清麵線。我是一定要加蒜頭跟烏醋，辣油多一點，最重要的是香菜，或叫做芫荽，總之很多人對香菜或芫荽的誤解和排斥，那就交給我來一併承擔了。吃大腸蚵仔麵線或羹米粉或滷麵，如果沒有蒜頭和香菜，烏醋跟辣油，那就不完美了。

熱天吃麵線是酷刑，到了冬天就是依偎。身體熱起來的意義，表現在熱天就是燥，在冷天就是暖，這種大逆差，麵線一定懂。我也懂。

不能漏掉的，還有一個人的小火鍋。

很多年以前，還在職場上班時，如果是寒冷潮濕的冬雨時節，會在下班之後去吃小火鍋。一個人，一個鍋，默默吃，也沒有人催，也沒有人趕。要選牛肉或豬肉或羊肉或海鮮，自己決定就好，不必跟什麼人商量。最後收尾的紅豆糯米粥，就當作跟一整天工作怨氣的和解。吃飽之後，重新走入多雨潮濕的台北街頭，並沒有比較堅強，但是對濕冷的冬天台北，多了一些諒解。

現在的食量不比過往，一人份的小火鍋都覺得太撐，最後的紅豆糯米粥，如果沒辦法完食，又覺得可惜，真是苦惱。

最後，就是自動販賣機的罐裝咖啡了。

在日本生活跟旅行養成的習慣，就算知道罐裝咖啡的口感沒有現煮咖啡來得好，可是走在攝氏十度以下的低溫裡，路過自動販賣機的時候，還是會想要投幣來一罐。最好是BOSS這個品牌，罐子上面有讓人忍不住站在街邊會心一笑的文案，還有那個留著小鬍子、叼著菸斗、皺著眉頭、長得像台灣歌星余天的BOSS頭像。往往我站在自動販賣機前方，好像跟故人久別重逢一樣，奢侈微糖的、大人口味的、炭火焙煎的、一點都不甜的歐蕾、來自世界遺產登錄地的咖啡豆……看得心頭都暖起來了。藍色按鍵是冰的，紅色按鍵是熱的，要是按錯，就等著牙齒打顫。而且那熱度表現在馬口鐵罐的觸感，是類似火鉗一樣滾燙。彎腰從販賣機下方的洞口取出咖啡罐的時候，要左右兩手不斷交換才不至於燙手，或趕緊將罐子塞進口袋，自己都覺得那動作很滑稽。一趟旅行喝過的咖啡罐，全部塞進行李箱帶回來，過海關X光機的時候，不曉得檢驗員怎麼想。

天冷了，還想要吃什麼？尤其住在冬日多雨的山邊，很容易繭居冬眠，但食慾來了，還是會撐著傘，頂著風，出門外帶半鍋羊肉爐或薑母鴨回來。冬天真是累積脂肪跟火氣的邪惡季節，但不這樣，又如何跟冬將軍的寒氣對決呢，畢竟，食物是最好的療癒，至於減肥，等夏天來臨前再煩惱吧！

第四章・下廚趣

Chapter 4

寫給蝦子的道歉信

附近菜市場有一對清早就開著小貨車來賣菜的夫妻，因為青菜都是當天現摘的，十分鮮脆可口，因為是自家農田栽培，有時也賣地瓜和芋頭，冬天限定的甜菠菜也是我的最愛。每週三與週六，則有他們自己養殖的白蝦，據說蝦子都吃益生菌，一斤兩百塊錢出頭，在老闆娘慫恿之下，決定買一斤來嘗嘗。

沒想到，老闆從橘色水箱裡面撈起蝦子，還帶著少許養殖池的水，蝦子活跳跳的，不斷噴出水珠，我提著塑膠袋走路回家時，內心小劇場就來了。

一斤活跳跳的白蝦，命運操在我手上。完全沒有買到新鮮蝦子的喜悅，倒有著滿滿罪惡感，彷彿把充滿生命力的蝦子送進刑場一般，即使是高溫盛夏，還是感覺背脊冒出一股寒意。

回到家，把蝦子放在廚房水槽時，不斷有蝦子跳出來，對新環境充滿好奇。我站在水槽前面，盯著蝦子，煩惱了起來。

向田邦子在她的著作《父親的道歉信》寫過一段往事，提到某個深夜，朋友從伊豆送來一隻龍蝦，裝在竹籠裡的龍蝦就躺在她家的玄關地板上。朋友還提醒她：「龍蝦會跳動，開火時千萬要壓緊鍋蓋。」

送龍蝦來的朋友離開之後，向田邦子心想，反正龍蝦也活不久了，不如將龍蝦從竹籠裡面放出來，賞牠些許自由吧！「龍蝦的黑色眼珠看見了什麼？那些吾人認為是珍饈美味的蝦黃，如今又在思考著什麼呢？」

於是向田邦子想起多年前，朋友在產地買了一堆龍蝦，半夜龍蝦從竹籠掙脫，爬到客廳，試圖沿著鋼琴腳爬上鋼琴，地毯也沾滿龍蝦的黏液，當時她還因此取笑朋友做的蠢事。

一想到這段往事，向田邦子立刻將放在玄關地上的馬靴收進鞋櫃，但是家裡養的三隻貓已經察覺異狀，變得騷動不安，最終還是決定將龍蝦關回竹籠，放在冰箱底層，只是當晚睡眠之中總感覺聽到龍蝦的聲音，一想到還在冰箱裡面活蹦亂跳的龍蝦，就要被自己動手殺掉，心情就變得很沉重。翌日清早，她抱著龍蝦跳上計程車，選了家中有年輕氣盛大學生的朋友家，當作禮物相贈。

「玄關還殘留著龍蝦的氣味和濕黏的體液污漬。點燃線香除臭，趴在地上清洗水泥地板時，我邊怪罪自己，連隻龍蝦都不敢處理，難怪在電視劇中也不敢安排殺人的情節。」當年讀到向田邦子這段結論，忍不住大笑出來。

沒想到面對廚房水槽活蹦亂跳的白蝦時，我也跟向田邦子一樣，霸氣全失，軟弱了起來。

小時候常常搬了小板凳，站在瓦斯爐旁邊看母親做菜。母親對海鮮很挑剔，蝦子都是活跳生猛狀態之下，整盆滑入熱鍋，淋上米酒，撒上鹽巴，立刻蓋上鍋蓋，然後聽著蝦子在鍋子裡面蹦跳衝撞金屬鍋蓋的聲音。母親一手按住鍋蓋，一手叉腰，呈現勝利者姿態，同時用烹飪家傅培梅的口氣說，這樣子蝦子才會好吃。

小板凳上的烹飪養成，大抵知道什麼樣的蝦子叫做新鮮，也學會炒菜爆香的起手式該怎麼來，而勾芡的訣竅是調勻的太白粉下鍋的時機。母親年過八十之後不煮食了，我就想辦法把她的手藝復刻回來，當然跟她比起來，功力差多了。

大學畢業、開始上班之後，跟同學租屋在台北潮州街一間舊公寓，廚房有個大窗戶，抽油煙機有厚厚一層不知道累積多少年的油漬，允許租客開伙的房東不多，記得當時的房東叫做蔣媽媽，來收房租的時候，都穿著碎花旗袍，手裡抓著碎花手帕，曾經猜想過她會不會是什麼官夫人。

有一回班上當兵的男生放假，大家約在舊公寓聚餐，我就表演了一手米酒熗活蝦，上桌之後，蘸蒜頭醬油，大家都說好吃。當時可是把一斤活蝦在眼前處以燒燙極刑還得意洋洋的氣魄啊，現在回想起來，渾身都會發抖，真不應該呢！

母親約莫到了四十幾歲，也都還是買活雞回家自己處理，行刑現場就在屋後洗衣服的水槽下方，每次聽到雞隻掙扎拍翅的聲音，都會好奇想要跑去看，母親一手抓著雞，一手拿著刀，還大聲喊著，小孩不准過來。

後來母親跟父親都皈依了，她就發願不吃雞，這發願延續了起碼有十年之久，她也不買活蝦回來自烹，頂多就是買漁家急速冷凍的熟蝦，要吃的時候再解凍，還說這樣子也頗好吃。

好吧，回到我買回來的那斤活跳白蝦，牠們就以一個命運共同體的小隊陣仗，輪流以體操比賽滿分的完美弧度跳躍出來，再被我拎回水槽。牠們的軟殼濕滑，瞬間就讓我想起向田邦子形容龍蝦留在地板的黏液，而此刻白蝦們的黑色眼睛看到的我，會不會是貪吃的兇手模樣？

將白蝦放置在水槽，束手無策之餘，只好先去晾衣服，晾完衣服再去餵鸚鵡，最後再回到水槽前方，白蝦完全沒有顯露疲態也毫不示弱，依然在微微開口的塑膠袋裡面，發出唏唏簌簌的聲音，接近暗赭色的蝦鬚舞動著，雖不是張牙舞爪，卻有那樣的氣勢。

怎麼辦？那瞬間腦海浮現的，就這三個字。

在牠們極短暫被飼養的一生，最終都會變成滿足人類口腹之慾的食物，或放進冷凍庫凍死，或留在常溫狀態之下失去生命跡象，或是進入熱鍋被燙熟，成為可口的一道料理。

想了一下子，決定把白蝦撈進冷鍋，加入四分之一罐米酒，切幾片薑，撒些鹽巴，靜置幾分鐘，蝦子們看起來是醉了，又很像睡著。慢慢把鍋子放上瓦斯爐架，緩緩開火，酒精蒸發之後，蝦子變成漂亮的紅色，還有淡淡的薑味。我對著鍋子裡的蝦子們，雙手合十，內心默念，感謝牠們這一生的努力，最後成為餐桌上的料理，餵食了人類，人類應該表示感謝。當時我內心確實是這麼想。

以米酒薑片煮熟的蝦子端上餐桌，被家人讚美肉質鮮甜，餘下的蝦子在隔餐做成蝦仁烘蛋也博得好評。各種生鮮食材，就是用一生努力長大，提供優良蛋白質，餵飽人類，人類也要成為有用的人，才足以報答牠們吧！

這是我寫給蝦子的道歉信。

隨心所欲的台式玉子燒

我原本就是個蛋料理的狂熱分子，冰箱常備食材就是雞蛋，如果冰箱門上的蛋盒即將清空，就會掛念著該補充雞蛋，整日因此心神不寧。

自從在京都錦市場看過老鋪師傅示範玉子燒的作法，就躍躍欲試。總算買到一人份玉子燒的長方形煎鍋，隨即上網看示範影片惡補一番，運用手腕轉動跟長筷子翻動，第一次做玉子燒就成功了。

只是日式玉子燒的調味偏甜，我試著做醬油口味，玉子燒變成淺淺的焦糖色澤，外皮煎久一點，有股焦香的俏皮風味，吃起來也不錯。

使用玉子燒煎鍋已經到了得心應手的地步，就開始想做各種嘗試，失敗的機會也有，但也不到無法入口的地步。

譬如把薑黃粉打在蛋汁裡，或用小湯匙分別取一杓薑黃粉均勻攤開，裹在煎鍋逐層的蛋捲裡，薑黃跟雞蛋的味道互不衝突，加上養生概念，就會覺得這嘗試真是值得。

因為家裡陽台種了九層塔，隨時都可以摘幾葉拿來做菜提味，就將九層塔稍稍切碎加進蛋汁，先用麻油熱鍋，再把蛋汁一層一層倒進淺鍋裡，一層一層用長筷子挑起來再往裡捲，九層塔被炙熱的蛋皮擁抱，依賴蛋的熱度就足夠飄出誘人香氣，我做過幾次給來訪的友人品嘗，他們都很驚訝，原來九層塔玉子燒這麼好吃。

有一次市場買來的香菜數量太多，放著又怕發黃爛掉，於是把腦筋動到玉子燒的頭上，反正自己做菜餵飽自己就是任性，任性的結果就要有扛下一切的氣魄，好吃或不好吃，也只能自吞，沒有閃躲的餘地。然而對自己總會有比較多的耐性與寬容，只要烹調過程下過情感，就覺得好吃，即使是很多人討厭的香菜，應該也沒問題。

香菜玉子燒的作法跟九層塔玉子燒類似，還加了清明節包潤餅剩下的花生粉，討厭香菜的朋友聽說我做了香菜玉子燒，隨即從網路送來一個驚嚇過度的哭臉。

大概是對蛋料理的濃情使然，不論是什麼奇特大膽的玉子燒配方，都不至於難吃。也有試過胡蘿蔔刨絲，加進蛋汁裡，煎出來的玉子燒，有紅色豹紋效果，忍不住拿手機拍照，因為玉子燒，好像找到取悅自己的方法，真是太自戀了。

有一陣子，每天早餐都做不同口味的玉子燒，蔥花、柴魚片、木耳，或把前一晚剩下的蝦仁剁碎，已經超越玉子燒原本的樣子，而是以玉子燒的外貌偽裝，實際是內餡成謎的蛋捲。

雖然做各種口味的玉子燒已經很順手了，依然為了發掘更多玉子燒口味而覺得人生前方充滿光芒。如果被當初在錦市場示範玉子燒作法的老鋪師傅看到，不知道會不會皺眉頭啊！

青蔥也可以是厲害的主角

喜歡吃蔥，尤其是加了很多蔥花的蔥油餅和胡椒餅，如果路過賣蔥油餅或胡椒餅的小攤子，很難不被剎那間進攻而來的香味擊倒，只好乖乖掏錢，邊走邊吃，不管氣質與否。

超市買蔥是論把計價，行情好的時候，一小把索價百元，拿去結帳的時候，心臟會小小抖一下，這是嗜蔥者必須接受的試煉，在那瞬間也就有了掙扎的內心戲。傳統市場送蔥則是做生意的哲學，是平日交情與人品的累積。老闆娘說，那些愛殺價的客人，遇到大雨風災過後，絕對不給蔥，像我這種好咖，可以在蔥價飆漲的時候獲贈膚質光滑細嫩的三星蔥，那一路走在菜市場通道可是驕傲又虛榮。

青蔥是我家冰箱裡的常備菜，卻不是拿來當跑龍套的配角，而是以中心打線的地位來考量菜色。因為有蔥，所以是蔥花蛋而不是荷包蛋，我做蔥花蛋的原則是蔥花數量一定要漫過蛋汁，那是豪邁的一種宣示。

以前我母親是每天去菜場採購的專業主婦，幾天下來，總可以累積一大把青蔥的分量，她就把蔥切成小段，配少許豬肉片，只用鹽巴跟米酒調味，因為是大火快炒，保持了青蔥原始的青脆嚼感和甜味，那是我非常喜歡的一道菜。青蔥是主角，豬肉變成配角，豬肉「本人」一定不開心。

然而，我最愛的還是吃麵的時候，另切一盤滷菜，淋上滷汁和香油與辣醬，再覆上滿滿的蔥花，表現出那種把滷味都壓在腳底下的驚人氣魄。不管是豆干海帶或滷蛋花干或豬耳朵豬頭皮，配著蔥花一起入口，那真是銷魂。

我也喜歡去中藥行買滷包，自己滷豆干，豆干是菜市場熟識的店家用非基改黃豆每天清晨手作的新鮮貨，可能是作法的關係，質地較軟，有蜂窩狀的小孔洞，特別容易入味。加了蔥薑蒜和少許醬油一起滷，起鍋放涼之後，切好擺盤，淋上香油辣油，添上蔥花，視覺飽滿了，味覺也滿足了，尤其生蔥花那種恰好的嗆味，真是盡興。

以前看過一位餐館廚師，在桌邊表演熱油淋蔥，瞬間炸裂的蔥香，猶如陳金鋒的滿貫砲。我自己試過這樣的烹調方式，用來做乾拌麵，好吃到爆炸。

要是來到初秋微涼的季節，就會想要煮味噌湯。不管是魚頭加豆腐，還是豬肉加洋蔥，一定要在起鍋之前灑一大把蔥花，有蔥白有蔥綠，那才是味噌湯最美好的收尾。對味噌湯來說，最後一道蔥花程序，應該等同於幫領先比數的球隊順利關門的稱職終結者吧！

好久不見！鯧魚先生

在鯧魚還不是很貴的年代，我家餐桌經常出現鯧魚料理，不管是白鯧魚還是黑鯧魚，都算熟客。

那時的黑鯧既大隻又厚實渾圓，先抹一層薄薄的麵粉下鍋油煎，再勾芡做成糖醋，肉質軟嫩而緊實，要同時兼具軟嫩跟緊實的口感，並不容易，非得新鮮不可，否則肉質軟卻無精打采，或是緊實到過頭變成「柴」且「澀」，那就不行了。

就時間前後而言，黑鯧較早來到我家餐桌，做成糖醋的黑鯧，光是魚的新鮮還不夠完美，重要的是最後的辛香料收尾。蔥薑蒜搭配醬油、糖和少許米酒炒過，加上番薯粉與水調和而成的芡汁，起鍋之前淋上適量烏醋，道道程序都有貢獻。盛盤也是個學問，必須找個大盤子，先把魚擺上，可千萬要小心翼翼，免得斷頭或斷尾，最後將芡汁均勻鋪上魚身，蔥薑蒜滿滿的，彷彿黑鯧大人穿著華麗外套那般。吃魚的時候，筷子兩邊均勻使力，魚肉魚皮跟辛香佐料一併拉起來，一口吃下，或擺在白飯上，跟著白飯一起扒進嘴裡，那真是頂級美味。

由於這種糖醋黑鯧的作法，類似飯店餐館大廚拿手的紅燒黃魚，小時候我們戲稱這種勾芡糖醋的魚料理，叫做「飯店的魚」，因此黑鯧先生在我家餐桌的別稱，就叫做「飯店的魚」。

不知道什麼原因，對白鯧的認識比黑鯧晚了幾年，初次在菜市場魚販的碎冰平台上，看到白鯧魚的時候，充滿問號，什麼時候黑鯧偷偷漂白了，不只白，還透著銀色光澤。

同樣不知道基於什麼理由，黑鯧做成糖醋，白鯧卻只是抹了鹽巴乾煎，我問過掌廚的母親，她也說不出什麼理由，我猜想或許白鯧那一身晶亮，就該煎成金黃「赤赤」的，倘若埋在辛香料芡汁裡，就可惜了。

鯧魚果然還是大而厚的肉質最好，有時買到小尾平扁的白鯧，就跟切片的青蒜一起煮成米粉湯，米粉吸飽鯧魚的鮮甜，湯頭也鮮美，加很多白胡椒粉更讚。

後來，不管是拜拜還是除夕年夜飯，不曉得是如何流傳或炒作起來的都市傳說，白鯧魚突然紅了起來，成為媒體注目的焦點，價格也就節節攀升，升到雲頂那樣的高度，庶民百姓都快要吃不起了。

只好趁著平日，路過市場，就去巡一下，偶爾看到新鮮的中型鯧魚，價錢還在可以接受的範圍，為了解記憶的饞，就將久違的鯧魚請回家，照樣是黑鯧做成糖醋，白鯧抹鹽巴乾煎，或烤過之後灑上胡椒鹽，擠一些檸檬汁，當作久別重逢的一場儀式。

豆芽菜的工夫

因為清明節包潤餅的關係，傳統市場的豆芽菜突然變成搶手貨。

豆芽菜其實沒什麼味道，潤餅的眾多菜色之中，頂多算配角，但有了豆芽菜，潤餅一咬下去，才會有爽脆的嚼感。可惜近年以來，市售豆芽菜泡藥水的傳聞特別多，買豆芽菜難免煩惱，對豆芽菜的信任感被無良的商人瓦解，真的很討厭。

小時候常跟母親去台南市東門城下方的小市集買菜，菜販都是拿小孩洗澡用的那種大水盆，將豆芽菜放在盆裡，豆芽菜像小舟部隊一樣在水面漂浮著，我總是蹲在水盆旁邊，食指伸入水中畫圈圈，然後抬頭問母親，今天可以吃蒜頭炒豆芽嗎？五角錢可以買一大把豆芽菜。

回家之後，將豆芽菜攤在桌上，開始拔鬚鬚。那是很瑣碎的手工，不知為何，四個小孩之中，我最常被母親指名去摘豆芽菜鬚，久而久之，手就巧了，邊摘邊聊天，還可以看卡通，俐落得不得了。

豆芽菜不易保存，當天不炒來吃，隔天就出水，還有酸味。可是又不敢買顏色太白的豆芽菜，怕泡了什麼奇怪的配方，吃了不健康。因此這幾年採買豆芽菜，總是像偵探一樣小心翼翼，如果是傳統市場，就問來源，如果是超市，就努力從生產履歷的小字裡面找身家清白的證據。不免想起小學自然課做過的實驗，找個醬油花瓜的空玻璃罐，將棉花打濕，鋪在罐底，再灑幾顆綠豆，將罐子放在陰涼的床底，等著豆芽長大。雖是實驗，但是看到自己孵的綠豆芽竄出玻璃罐，還是有收成的喜悅，但是那豆芽到底有沒有吃掉，已經想不起來了。

因為以前習慣採買的有機店歇業了，今年清明節來臨之前，為了哪裡買豆芽菜，確實煩惱了一陣子，還好有熟人通報，推薦市場一對母子經營的菜攤，有他們自己「孵」的豆芽。果然清明之前，菜攤搬來三個孵豆芽的大桶子，從桶子裡面抓出新鮮的豆芽，採買的客人好像搶什麼限定商品一樣，一擁而上。我挑了一大把，大約一大碗公的分量，還不到二十塊錢，覺得好便宜，但是跟童年的五角錢比起來，當然是貴多了。

只是現在已經沒有耐心再一根一根拔豆芽鬚，覺得連鬚鬚吃下去其實也無所謂了。

蒜頭豆油

有好幾年，我家餐桌總會出現一小碟神祕的蒜頭醬油，依偎在青菜魚肉的餐盤之間，因為醬油碟子又淺又矮，好像躲在高樓陰影之下的小鐵皮屋，暗暗沉沉，不發一語。

一日備三餐的母親，可能是專業主婦魂的原因吧，總有一些規矩，基於什麼原因長年堅持，也從來不說清楚。她總會在最後一道菜起鍋之前，吩咐我去後陽台的塑膠籃取兩顆放在那裡吹風陰涼的蒜頭，以刀背拍碎，去膜，再細切，再將刀子放平，往那堆切碎的蒜頭底下輕輕一刮，切碎的蒜頭一粒不少，全都乖乖上了刀背坐得穩穩的，接著用另一手的手指頭把蒜頭碎粒往碟子裡一掃，最後淋上薄薄一層醬油。小時候我常看母親這麼處理，也沒人教，就自然懂了，那處理過程如果可以一氣呵成，就是帥氣。

蒜頭拍碎切碎的那幾秒瞬間的氣味是一個層次，淋上醬油之後又是另一個層次，等到家人都到齊了，蒜頭已經吸飽醬油滋味，有了濕潤度，同時還保有蒜頭生猛的嗆味，那時的滋味最美。

有時候餐桌上也沒什麼好拿來蘸醬油的，又不是有類似白煮五花肉切片或清燙小卷或冰過的涼筍，或香腸粉腸或水煮豬舌豬心之類的菜色，那蒜頭醬油孤伶伶地，在牆角畫圈圈，很寂寞。

我其實不愛煮過的蒜頭，尤其炒青菜之前，先下鍋爆香的蒜頭，經過青菜釋出的水分浸潤之後，成就了青菜的香氣，卻失去蒜頭原本的口感。若是整粒蒜頭拿來煮雞湯，那湯頭真是鮮美，但蒜頭變得濕濕軟軟，不曉得別人愛不愛，我自己是覺得咬下濕軟蒜頭的瞬間，感覺牙齒都跟著癱軟了，這或許是我對煮熟蒜頭的偏見。

乾拌麵或乾拌麵線的時候，把生蒜頭切碎，加上麻油、醬油、烏醋，簡單拌一拌，非常夠味。只是吃過生蒜之後，可要記得刷牙，這跟日本人吃過煎餃必要嚼一片口香糖來去除蒜味的道理是一樣的。

然而，我還是對那幾年的餐桌，非得準備一碟蒜頭醬油的理由究竟為何，感覺好奇。幾次追問，母親老是說，總有人想要蘸點什麼啊！主婦就是這樣，幫家人設想的，總超過餐桌菜色之外的好幾倍，怕家人吃不夠，老是煮了過多分量，也才有剩菜的問題，而處理剩菜，好像又變成主婦的責任。

可是那一小碟母親口中的「蒜頭豆油」，就那一餐的壽命而已，母親說蒜頭豆油隔餐之後滋味就不好，蒜頭泡久了，口感欠佳，沒有蒜頭該有的脆度，下一餐重新再來一碟，光是倒掉的醬油都不知多少了，想來想去，那可能是母親的餐桌偏執吧。

喜歡吃豆皮

從小就很喜歡吃豆皮，有關豆皮的各種料理，全部都喜歡。尤其外食吃陽春麵配滷味的時候，總會夾一塊豆皮，不管是直接滷的，還是炸過再滷，各有風味，難分軒輊。

過去曾經有好幾年，我家都在台南東安菜市場採購日常食材，那時位在東安戲院側邊一條搭著遮陽頂棚的通道底下，有位賣菜的阿嬸，也兼賣木棉豆腐、豆干、三角油豆腐跟豆皮。根據阿嬸說，那都是當天清早手工現做的，我們吃阿嬸賣的豆類製品，大概有二十年那麼久。

木棉豆腐切厚片煎過，加青蔥，炒豬肉片。豆干切成長條，炒榨菜，或炒肉絲。三角油豆腐跟五花肉紅燒做成一鍋下飯的滷肉。至於豆皮，可就微妙了。母親不曉得從哪裡學來的料理方法，或者是她自己的創意，總之，將豆皮按照原本捲起來的痕跡攤開，灑上鹽巴與胡椒，再循著痕跡重新捲回來，恢復成扁扁的四方形。熱油鍋，油量稍多點，半煎半炸，煎到外皮酥脆，接近淺咖啡色，再翻面，稍稍用鍋鏟將豆皮壓一壓，擠出多餘的油分，兩面都煎好了，就可以起鍋，切成容易入口的大小方塊，外層脆，內滑嫩，入口之後，有豆皮的層次感跟豆子的香氣，搭配恰好的胡椒鹹味，往往還不到吃飯的時間，就被當點心搶光了。

如果買的是炸過的豆皮，難免覺得油膩膩的，我會用熱水稍稍燙過，去油，然後以金針菇或筍絲加上胡蘿蔔絲與木耳切絲，少許醬油烏醋，加水煮一下豆皮，再勾點薄芡，類似糖醋的作法，也不錯。

這幾年則是固定跟市場專做有機豆腐的小攤，買那種放在冷藏櫃的豆皮，冷藏豆皮不至於因為溫度關係而出現討厭的酸味，因為是非基改的有機黃豆原料，只要稍稍燙過，淋一點昆布醬油，灑些蔥花跟柴魚片，像吃麵條一樣，呼嚕呼嚕吸食，這樣的吃法是在京都的順正湯豆腐學來的。那時，跟家人一起去旅行，在清水寺不遠處的順正湯豆腐吃午餐定食，家人多數吃湯豆腐，我則是點了豆皮。店家端來熱鍋的時候，就已經是狀似豆漿的湯底，慢慢地，沸水表面就凝結成薄薄的豆皮，以筷子從側邊慢慢伸進去，再整片拉起來，好像垂掛著簾子一樣。將撈起來的豆皮放入醬汁裡，也是呼嚕呼嚕的吸入嘴裡，那滋味真是絕好。

那天傍晚從二年坂、三年坂一路散步，到了八坂塔前方，發現一間專做豆腐的老鋪，店家給我們試吃剛做好的豆皮，還有些溫熱，滴了一滴醬油，光是這樣，就美味得很。

麻油飯與麻油荷包蛋

每隔一陣子，家裡餐桌就會出現麻油飯或麻油荷包蛋，不算常備菜色，卻有即時救援的實力。有時只是因為路上聞到不知哪戶人家廚房飄來麻油香味，返家看到母親站在廚台前方炒菜的背影，小聲說了想吃麻油飯或麻油荷包蛋，母親也不嫌麻煩，當晚餐桌，就真的出現麻油飯或麻油荷包蛋。

麻油屬於溫補，但麻油飯與麻油荷包蛋上桌的時機也不只是因為天冷，也有盛夏酷暑吃了過多涼水，皮膚長出小水泡，母親說那肯定是體內濕氣太重，指責的口氣雖嚴厲，但轉身就去拿櫥櫃裡的麻油，約莫大湯匙的分量，倒入冷鍋內再開火，等到油熱了，打一顆蛋，因為麻油分量很足，比較像是炸荷包蛋。鍋鏟翻面的時機要拿捏得準，蛋白邊緣要有恰到好處的焦脆，蛋黃最好半熟，起鍋之後，淋少許醬油即可。我喜歡把麻油荷包蛋鋪在白飯上，麻油滲入米飯，半熟黏稠的蛋黃和米飯攪和一起，有麻油醬油還有蛋的香氣，即使沒有其他配菜，也覺得是澎湃的一餐。中學那幾年補習晚歸，只剩飯鍋一碗飯，沒有其他菜了，母親就煎個麻油荷包蛋讓我拌飯吃，再沖一包味王紫菜湯收尾。

比起麻油荷包蛋，麻油飯的作法更繁瑣，但兩邊的工夫各有千秋，抓不到訣竅的話，就無法完美。冰過的米飯拿來炒飯，成功率較高，容易炒出粒粒分明的美感與口感。如果用剛煮好的熱米飯，較為軟黏，下鍋一炒，很快就在鍋底黏成薄薄一層鍋巴，結成鍋巴也不全然是壞事，鍋鏟刮一刮，刮出焦糖色澤的薄片，混在米粒之間，多了出其不意的配色效果。

母親炒麻油飯有她堅持的流程，先把老薑切成薄片，再切成細絲，最後剁碎，放入熱鍋麻油裡快速拌炒，加點鹽巴，很快就聞到麻油薑的香味，這時把冷藏過的米飯倒入鍋內，快手炒到米粒均勻上色又入味，再打一顆蛋淋上去，然後用鍋鏟按壓米飯與蛋汁，直到米粒表層好像披了鵝黃色的薄外衣，大概就可以起鍋了。

有時候也不是因為天寒或身體濕氣的關係，恰好有剩飯，就順手炒了麻油飯，結果家人搶吃麻油飯，又剩了當天煮的白米飯，只好隔天再炒一次麻油飯，這反覆的過程就變得很詼諧。麻油飯原本當成救援角色，沒想到亂入成為主角，但是要餐餐吃麻油飯，又過於燥熱，大概就是那種偶爾吃才覺得珍貴，餐餐如此就膩了。想想人類對於吃食的有情與無情，也真是淺白易懂啊。

清蒸魚的條件

從小就聽那些擅長料理的長輩們不斷提醒，最新鮮的魚要拿來清蒸，次之的抹鹽巴油煎，真的不夠好，就裹粉油炸，再做成糖醋，這樣分級處理的模式，猶如家傳鐵律一般根深蒂固。後來我自己買菜自己煮食，總算也弄懂這個邏輯，清蒸吃原味，如果不夠新鮮，就會有臭腥味，完全是食材跟舌尖的硬碰硬，沒得閃躲。抹鹽巴油煎，至少夠鹹夠香，口感加分。若真的沒辦法了，裹粉炸過做成糖醋，靠蔥薑蒜等辛香料提味，加上醬油烏醋米酒砂糖的滋潤，滋味繽紛了，對魚肉的鮮度也就輕忽了，這是料理的竅門。

母親對魚的鮮度向來挑剔，她是那種跟市場魚販碎冰檯面上的魚眼睛一對上，就知道新不新鮮的專業主婦。夠新鮮，才夠格清蒸，她說從清蒸的鍋子縫隙飄出來的氣味，就可以判斷魚的鮮度。我常覺得這種說法非常玄妙，不做菜的人可能不易理解。

然而清蒸也不是不調味，有點鹹度，就可以了。最常拿來清蒸魚的是黑豆豉，最好是慣用的牌子，比較好拿捏鹹度，換了新牌子後的第一次蒸魚，怕過鹹或過淡，難免提心吊膽。比起乾豆豉，帶有醬汁的濕豆豉更好，除了鹹味，還有甘味。用小湯匙均勻抹上魚的表層，放入電鍋，外鍋一杯水，豆豉的滋味就隨著高溫蒸氣滲入魚肉裡層，筷子夾魚肉時，最好順勢將魚肉泡入醬汁裡面，吸飽湯汁，魚肉濕潤，入口就特別鮮嫩，那豆豉醬汁最後拿來拌飯，算美好收尾。

沒有豆豉也不必煩惱，拍幾顆蒜頭，切一些薑絲，淋少許醬油，蒸好之後再灑上蔥花，就很美味。

有時親戚朋友送來自家醃製的西瓜綿，因為西瓜綿是採用未成熟的小西瓜，經過醃漬，成為醃瓜，切片拿來清蒸虱目魚頭，鹹酸恰好。有辦法解決虱目魚頭的，都算大聯盟等級的吃魚高手，畢竟虱目魚頭構造複雜，魚刺挑戰度很高，可是有辦法「蹭」出魚頭精華的，就只有清蒸或煮湯的作法了，如果是乾煎，魚頭較乾澀，「吸」不出甘甜味，就可惜了。

要是買到新鮮鯽魚，就不是清蒸的作法，而是加鹽巴跟米酒，少許水，煮到水分收乾。夠鮮的小吳郭魚，也可以這麼處理，甚至添一些薑片也行，鹽煮吳郭魚算是台南外食「飯桌」的熱門菜色。

近來也喜歡用「鹽麴」來蒸魚，相較於醬油鹽巴，鹽麴的鹹度較低，之中含有分解蛋白質的酵素，可以軟化肉質，魚肉吃起來更滑嫩。

總之，魚要夠新鮮，才有資格做成清蒸，現在也成為我做魚料理的信仰了。

納豆擁護者

小時候只敢吃那種淡橘色的甜納豆，嚴格說起來，那是大花豆做成的甘納豆，傳統市場賣零食的小攤子，會用透明塑膠袋分裝，再用紅色橡皮筋束起來，模樣很可愛。直到現在，我去艋舺三水市場，還是會買一包甘納豆邊走邊吃，但偶爾吃吃就好，畢竟太甜，又太涮嘴，往往欲罷不能，因此特別感謝店家的小包裝，不至於過量。

至於日本人吃的納豆，要先以筷子用力攪拌，攪出黏稠的納豆絲，再加上柴魚醬油和黃芥末調味，鋪在熱騰騰的白飯上，以前我很怕那味道，也覺得那樣的吃法頗具挑戰性，沒想到試過一次之後，驚為天人，從此成為納豆的擁護者。

一般超市買到的納豆，約莫都是保麗龍小盒子，以三到四盒為一組販售，來自日本各地的納豆品牌在貨架上列隊，頗有互相較勁的味道。我大概是採取吃遍各家產品的盤算為採購原則，偶爾也參考外包裝上的宣傳字眼，譬如全國納豆評鑑會大賞或是農林水產大臣賞，有大粒、中粒、小粒、極小粒等口感可以選擇。單吃納豆或拌飯吃，都好。常去的日本料理店，有一道納豆做成的大阪燒，但是像我一樣喜愛納豆的人不多，有時候點了這道菜，變成我一人獨享，感覺有點寂寞。

我常把小黃瓜切碎，加上拌過的納豆，磨一些薑汁，淋少許柴魚醬油，最後灑上柴魚片，或將滷豆干切碎拌上納豆，作為熱天的涼拌菜，頗消暑。

有時也把生菜切成細絲，摻入攪拌到黏稠牽絲的納豆裡面，以和風醬跟少許芥末調味。若想要豪華一些，就加一尾小卷，最好先以刀子斜切雕花，汆燙之後，就有了漂亮的紋路。或燙幾尾蝦子，剝去蝦殼，做成蝦仁納豆生菜沙拉，天熱食慾不好的時候，吃一大碗，很快就有飽足感。

某天看了日本綜藝節目，邀來熱愛納豆的藝人，談論各自喜愛的納豆吃法。節目之中，醫生從醫學跟營養學觀點解說，示範了納豆的正確拌法，應該先單獨攪拌納豆，起碼兩百下，最後再調味，據說越是黏稠的納豆絲，營養價值越高，堪稱是血管的清道夫。

幾年前，住在日本九州鹿兒島的朋友知道我喜歡吃納豆，特地空運快遞整組ＤＩＹ材料，從蒸豆子到發酵，全部按照說明書的圖文步驟，連溫度計和分裝的保麗龍盒子都附上了，那次我可是過足製做納豆的癮了。

攪拌納豆的過程也有靜心沉澱的用意，納豆入口之後，還要用筷子把納豆絲捲起來收尾，自己覺得那手勢姿態真是充滿美感呢！

炒蜊仔眞是絕好美味

小時候，我都說蜊仔（lâ-á）是「小貝殼」。

跟母親去菜場買菜，看到文蛤、赤嘴仔、海瓜子等體型較大的貝類，說那是「大貝殼」，體積相對小很多，外殼顏色深的蜊仔，就是「小貝殼」。明明是海鮮，卻常出現在青菜攤的水盆裡，我會趁大人不注意的時候，伸手進去水盆裡面搖晃一下，覺得那些可以把外殼緊閉裝死，還偷偷吐氣的生物，真的很厲害。

如果買文蛤，就會送一塊嫩薑，用來煮薑絲湯，無須調味，靠文蛤本身的甜味跟鹹味就很足夠。下鍋之前的吐沙是學問，比較謹慎的老闆，還會一顆一顆敲打檢查，免得一顆臭掉的文蛤，壞了一整鍋湯。

要是買海瓜子或蜊仔，除了送嫩薑，還另給一小根紅辣椒和一把九層塔。我們家很少吃海瓜子，倒是炒蜊仔已經成為常備菜色，只要當晚的餐桌出現炒蜊仔，就會得到熱烈歡呼。尤其熱炒過程噴發出來的濃烈香氣，層次分明，加上蜊仔外殼在鍋裡翻攪的撞擊聲，很像重金屬搖滾樂團的重低音，不只色香味俱全，背景音場也很強大，整間屋子，都被炒蜊仔的氣勢攻占了。

蜊仔最好是當日買來當日料理，先放在清水裡面吐一陣子沙，再以熱鍋熱油大火爆香蒜頭薑片辣椒，加入瀝乾的蜊仔，隨即快速翻炒，外殼稍稍露出縫隙，就可以加入醬油和少許烏醋，再沿著鍋子邊緣淋上米酒，最後灑下九層塔，鍋鏟翻兩下，就能起鍋了。前後不到幾分鐘，稱之為快炒，當之無愧，畢竟炒太久，蜊肉會縮水，口感滋味就遜了。

吃熱炒蜊仔也是展現技術和速度的比賽，開飯不久，每個人面前就堆滿小山丘一般的蜊仔殼，大家都是筷子一夾，嘴巴一吸，蜊肉跟醬汁就滑入嘴裡，隨即筷子又去夾一顆來嘴邊排隊。那炒蜊仔的醬汁也不能浪費，拿來拌飯特別好，為了醬汁再添半碗飯，好像是避免不了的延長賽了。

如果深夜去外頭吃清粥，或是上餐館點餐之前挑選小菜時，就非得來一碟鹹蜊仔不可。這種將蜊仔隔水加熱燙熟，以醬油與蒜頭嫩薑辣椒醃漬入味的冷菜，不知道有什麼魔力，最能勾出舌根唾液一起纏綿出深邃的甘甜滋味。小時候我曾經吃過三姑做的醃漬蜊仔，以手工去殼，挖出生的蜊肉，摻入大量鹽巴，裝入玻璃罐，醃漬一段時日才開罐，又鹹又腥，入口瞬間，簡直可以在地上滾三圈那般刺激，是蜊仔料理之中，戰力最強的。

我自己還是最愛熱炒蜊仔，快速又豪放，絕好的庶民料理。

第五章・食光機

Chapter 5

食物就是回憶

過去閱讀一青妙的散文集《我的箱子》和《日本媽媽的臺菜物語》，經過兩到三年的熟成入味，留著大致的印象輪廓，因此看白羽彌仁導演藉此改編的腳本拍成的電影《媽媽，晚餐吃什麼？》，種種經過兩到三年熟成入味的文字記憶，緩緩在電影鏡頭的流轉之中，像小火熱菜一樣，彷彿廚房徐徐漫開一股菜餚的香氣，滋味全都回來了。直到最後一青窈的歌聲在放映廳迴盪時，不知道什麼時候紅了眼眶甚至滑落的淚水，像午後陣雨留在屋簷的水珠一樣，剎那就想起那些菜色，那些母親的拿手菜。

電影裡的一青媽媽，站在流理台前方切菜，在中華炒鍋前方拿著鍋鏟拌炒、試味道、擦汗，拿著大菜刀切著白蘿蔔的韻律節奏，肩膀用力的起落背影，那模樣，彷彿自己的母親，為著家人張羅餐食一樣。

母女衝突的時候，可以坐下來吃白粥，就算冷戰不說話，總也是和解了。最苦的親人死別，姊妹相擁哭過之後，想要吃點什麼，那就坐下來各自剝一顆粽子，繼續過日子的勇氣。

導演用了小女孩的身高視線，斜角仰望一青媽媽，也就是和枝女士在台灣菜市場買菜的身影，日本導演跟攝影也用他們的日本視線，拍出台灣市場的生猛活力。那原本是我們非常熟悉的市井聲息，成為日本電影的片段之後，感覺起來好像看著異國街景，連剁雞的大動作都有那麼點暴力美學的意思，菜市場豬肉攤的老闆或許是北野武吧。

一青妙原著的家族書寫本來就很有畫面感，藉由母親的台菜串連起來的記憶，不管是文字還是影像，都不只是食物的味道而已，最動人的應該是食物伴隨的記憶，酸甜苦澀，全部到位。

我的日本舅媽應該也跟一青媽媽一樣，如花朵一樣美麗的年紀，嫁為台灣人的長媳，雖然常住日本，卻要滿足舅舅思念台菜的味蕾，尤其舅舅嗜吃台式滷肉，特別是肥肉，不管是三層肉或豬腳，他都愛。幾次他們全家返台，大人用日語交談，小夜子舅媽卻靜靜坐在一旁，偶爾說起舅舅出差，她偷偷把那鍋看起來油膩膩的滷肉倒掉，那時已經發胖的舅舅在一旁聽著，光是呵呵笑，好聲好氣假意罵一句無關痛癢的「馬鹿野郎」，口氣卻很甜蜜，像小孩撒嬌。

有個夏天，舅舅全家到鄉下參加尾叔的結婚喜宴，一早謝神祭拜的豬頭，掛在擺桌宴客的簷廊下，那時還在讀中學的日本表哥嚇壞了，一直鬧脾氣說他想吐，整場喜宴都苦著一張臉，一口都吃不下。這事情經過幾十年了，母親每每想起，就當笑話又講一次。

小夜子舅媽返台總是幫大家張羅禮物，有一次，或許是漏掉給我的禮物，臨時包了紅包，一路追上二樓，那時我才小學三年級，不敢拿紅包，躲在臥室，被逼急了，像青蛙一樣貼在壁櫥上，舅媽也不管我聽不聽得懂，用那種半是疼愛半是斥責的語氣，把紅包放在竹蓆上，還用力拍了一下，就下樓去了。我把紅包交給母親，一堆長輩女眷靠過來，就說小夜子舅媽給的，一定得拿，不拿會失禮。

看著電影裡，飾演一青和枝女士的河合美智子，把額前瀏海往上梳攏夾起來，跟小夜子舅媽當年的模樣，十分神似。

這幾年我才知道，外公的二弟，在日本千葉縣讀醫專的時候，跟日本海軍大將的女兒談了一場轟轟烈烈的自由戀愛，不顧日本家人反對，畢業之後奔回台灣結婚，崎債子醫師娘從此穿台灣衫，學台灣話，後來輾轉到廈門上海，跟著夫婿創立東南醫專，再到安徽成立大學，過世之後葬在安徽，沒再回到日本。

我只在黑白照片看過崎債子醫師娘的模樣，那時二叔公在高雄新濱町開業，還收了第一批西醫眼科學徒，學成之後在當時的光華眼科門前拍了畢業照。崎債子醫師娘一頭女學生模樣的齊耳短髮，別著髮夾，那時應該三十歲未滿，已經有個女兒。

我看著電影的時候，不斷想起親族裡面的日本嬸婆與日本舅媽，她們是不是像一青媽媽一樣，學習台灣菜，家裡有人生日就滷豬腳、端午包粽子、過年做菜頭粿，早餐就煮一鍋白稀飯配醬菜。她們會不會也有手寫食譜，就像一青妙在即將改建的老家房子裡，發現母親那兩本B6大小的穿孔筆記本一樣，其中一本包括剪報與便條紙在內，共有五十二道食譜，多數是味噌湯、燉煮芋頭、牡蠣丼飯等家常日本料理，另一本共有三十七道食譜，是一青媽媽跟「劉左源先生的太太」學習的台灣料理，包括豬腸湯、當歸鴨、油飯、春捲、魚翅湯、白菜滷……

一青妙在書裡描述：「母親總是背對著我們，穿著藍底粉紅小花的圍裙站在廚房裡為家人做料理，直到現在，我才發現到這件事。」

電影裡的一青妙，試著用母親的食譜，做了菜頭粿，一起坐下來試吃的丈夫卻說，吃起來像文字燒。

川本三郎在隨筆作品《少了你的餐桌》寫了一篇後記，其中有一段文字：「年過六十後，不論吃什麼都會想起從前。比起往後的時光，過去的歲月顯然要長得許多，這是無可奈何的事實。如今我由衷地認為，食物就是回憶。」

沒錯，食物就是回憶。看完電影之後，我轉搭公車到四平街買了滷豬腳，我覺得，食物不只是回憶，對家人來說，可以一起坐下來吃母親的料理，那還是一種和解。人到中年，也開始進入「把母親的拿手菜一道一道做回來」的動機和決心，最近我就是這樣把過去吃習慣的菜色又回頭做給母親吃，然後接受她嚴格的挑剔，有時也有充滿回憶的讚美。

母親說，今天炒了一盤「那個」

小時候，約莫在冬天，無法預期的日子裡，放學回家拿出中午的便當盒在水槽清洗的時候，母親會露出神祕的一抹微笑，說她今天炒了一盤「那個」。

這是我跟母親之間的默契，聽說晚餐會有「那個」，簡直像「一期一會」的緣分來臨，忍不住就去掀開餐桌上的罩子，先捏一尾來嘗嘗。

家裡大概只有我喜歡這一味，但也只有冬季短暫幾天會在菜市場發現一、兩個魚販擺出來叫賣，近幾年則是因為產量銳減，魚販也很少進貨了，倒是有個賣魷魚蝦米干貝等海鮮乾貨的小販，會有一、兩天另外擺出中型保麗龍盒子，裡面像深淺紅白調色盤一樣，小小隻的那種近似於烏賊身形的魚貨，因為無法確定正確品名，所以我跟母親就以「那個」做為暗號，「那個」只要在市場出現，就一定要買些回來解饞。

有一陣子我以為那是「目斗仔」，後來跟朋友去了北部漁港的熱炒攤，才發現「目斗仔」是另個遠親，通常是清燙之後蘸哇沙米醬油膏，口感較脆，完全是不同路線。原本花枝、章魚、透抽、墨魚、魷魚、烏賊這個聯盟，就有不易辨識的難度，總之，這麼多年以來，我對冬天「一期一會」的那盤「那個」，還是無法清楚呼喚牠的姓名，這樣說來好像有點哀傷。

後來終於有機會向一位專攻海洋生物研究的魚博士請教，他說那是俗稱

「螢烏賊」的魷魚，屬於「武裝魷科」，正確俗名應該是「螢火魷」。

這螢火魷出現在菜市場的時候，已經是捕獲上岸就先燙過的半成品，只要加上青蒜切片一起拌炒，少許鹽巴調味就好。吃這款螢火魷要有技巧，先咬開頭部，挑出兩顆硬硬的魷魚眼睛，再從尾部尖端的地方咬一口，拖出身體裡的透明薄膜，一定要齒舌並用，雖然有點麻煩，但比起挑虱目魚刺的等級又要簡單許多，一旦喜歡這味道，就不覺得有什麼難的。

我試過其他烹調方法，都沒有青蒜拌炒來得美味，夠新鮮的螢火魷會有自然散發的鮮甜味，如果加了其他重口味的醬汁，譬如做成麻辣或糖醋，會覺得太「超過」了，反而掩蓋了螢火魷的真正實力。

這一、兩年，母親已經很少做菜了，但是散步到菜市場，要是看到螢火魷，還是會秤一些回來，交給來家裡幫忙的居家照護員，請她切一根青蒜，稍稍炒一下，添點鹽巴就好。然後過幾日我返家，母親會跟我炫耀，「那天炒了一盤『那個』，可惜妳沒吃到。」

冰果室的雞絲麵

熱騰騰的雞絲麵，為何出現在專賣涼飲冰品的冰果室？到底是如何卡位進去的？如果再從雞絲麵的戰線延長到鍋燒意麵，那就更讓人好奇了。

小時候，市售罐裝或鋁箔包的果汁飲料品項不多，寶特瓶根本還沒出現。想喝涼的，可以在削甘蔗的攤子喝甘蔗汁或檸檬汁，路邊小攤也可以買到青草茶、蓮藕茶、冬瓜茶、紅茶之類的飲品，如果在現場喝，就用玻璃杯，外帶則是用透明塑膠袋插一根吸管，再用紅色橡皮圈束起來。印象中，最早出現的馬口鐵罐飲料，似乎是蘆筍汁，津津和味王兩個品牌打得很凶，可是我對蘆筍汁的記憶除了甜味之外，好像還喝得出鐵罐的味道，應該是我個人的錯覺吧。

家裡來了客人，小孩就被大人使喚到巷口柑仔店買黑松汽水，玻璃空瓶拿去退瓶，還可以拿回幾個銅板。若想喝果汁，就去街邊的冰果室，我最愛綜合果汁，明明不敢吃木瓜，卻喝過木瓜牛奶，如果肚子有點餓，就喝綠豆沙。有些店家為了保證果汁的分量沒有縮水，還用了有刻度的五百C.C.玻璃杯。記得有一次陪大人去冰果室約會，第一次喝到可口可樂，冰涼的玻璃瓶身有漂亮水珠，喝起來有股神祕的咳嗽藥水味。至於去冰果室約會的大人到底是親戚裡頭的誰誰誰，根本想不起來。

那時的冰果室，屬於市鎮裡的時髦聚會所，有些冰果室還自己製作冰棒和冰淇淋。至於剉冰的「料」，起碼要有紅豆、綠豆、粉角、粉粿、粉圓、仙草、愛玉、芋頭、蓮子、花生、湯圓這些基本陣容。鷹牌煉乳是必要的，月見冰當然要有生雞蛋，糖汁若不是黑糖熬煮就是添了香蕉口味的香料。不過我最愛四果冰，但是嘴裡有蛀牙，吃了酸酸的蜜餞，就算牙齒很酸，仍舊不放棄。

古老冰果室的冷凍冷藏櫃還是舊款設備，壓縮馬達的運轉很大聲，整間店充滿機械摩擦顫抖的低頻噪音。透明冷藏櫃看得到彎彎曲曲結霜的管子，店內有糖的甜味和水果帶著微酸的發酵果香，去冰果室約會或碰面談事情，是老派的交際和應酬。

中學之後常去的冰果室，已經不是大人約會或談事情的地方，而是課後的祕密基地。課後打完球，只要天色還早，就背著書包提著便當袋去冰果室，幾個同學，占一張桌子，吃剉冰，喝果汁，比誰吃得快喝得猛，拚到額頭發痛的程度。那時的胃口特別厲害，吃過冰或喝過果汁，總還覺得肚子有點空虛，所以學校附近的冰果室，才開始賣起雞絲麵嗎？

對於忙碌的店家來說，雞絲麵的料理程序相對簡單，把乾燥的雞絲麵放進碗裡，加上少許冬菜跟芹菜珠，講究一點的，會抓一把茼蒿，打個蛋，最後注入熱湯，蓋上碗蓋，端上桌，燜一下，就可以掀蓋了。茼蒿原本就不耐久煮，熱湯一燙，脆度正好，而那蛋包呈現的是蛋白滑嫩，裡頭的蛋黃有濃稠恰好的比例。雞絲麵的口感也好，最厲害的是湯頭，不曉得是雞絲麵附上的調味包，還是店家另外熬的大骨湯，總之，氣味非常好。

第一次吃到雞絲麵，還以為是「雞絲加麵」，沒想到掀開碗蓋，琥珀色澤如麵線那樣的細絲，口感介於麵線和米粉之間，猜想那是跟當歸鴨或蚵仔麵線一樣的紅麵線，卻又不是。剛入口的時候，以為會很「乾」很「柴」，可能是雞絲麵吸飽湯汁的緣故吧，濕潤度非常飽滿，「哇，這是什麼東西啊？」那問號始終懸在腦袋上方，直到整碗雞絲麵吃光，湯汁也不剩，還是覺得非常神奇。

高中還是週六上半天課，有時候跟同學留在學校，藉口練排球，其實是躺在操場兩側的看台，仰頭看著台南機場起降的飛機發呆，或根本沒什麼事情，純粹就是賴在校園不想回家的時候，會先去校外的冰果室吃雞絲麵，再以紅豆牛奶冰或檸檬紅茶收尾。

冰果室紛紛加入雞絲麵的戰場，從基本款慢慢擴充各種配料，譬如加了魚板、魚丸、油條，然後，鍋燒意麵、鍋燒烏龍、鍋燒米粉，以外圍組織的滲透策略，陸續加入冰果室的熱食陣容。

冰果室賣熱食，應該是冷天與熱天互補的概念吧。

考上大學離家去了淡水，住在水源街二段，冬日多雨，濕冷哆嗦，賣冰的店家就改賣紅豆湯花生湯和甜鹹湯圓，也有兼賣甜不辣和滷味，至於雞絲麵倒是一整年都受歡迎，學生吃碗雞絲麵當一餐，幾十塊錢，還可以。

大三之後，去了麗水街城區部上課，每週體育課結束後，一群人晃到永康街一間冰店吃冰吃雞絲麵。那小店也沒什麼華麗裝潢，把攤車推進店內，擺幾張鐵板凳跟折疊桌，但是他們的剉冰跟雞絲麵都很有水準，過了那麼多年，我都還記得雞絲麵的上頭漂流著冬菜的小漩渦。那時永康街還沒有芒果冰跟觀光客，後來熱鬧了，那間賣雞絲麵的冰店，好像也不見了。

可能是那幾年跟冰果室的雞絲麵培養了不錯的革命情感，連帶著對後來也進入冰果室體系的鍋燒麵也很挑剔，總覺得，夠格稱得上鍋燒麵，起碼要把煮到沸騰的小鐵鍋放入四方交叉的木頭支架，直接端上桌，湯還滾燙著，發出「嗶嗶啵啵」的聲音才叫正統，如果是在瓦斯爐上的鍋子煮好，再倒入碗裡，就失去鍋燒的氣勢了。

這些年，走高價昂貴的冰店成為主流，兼賣雞絲麵的平價冰果室，在都市的蛋黃區已經少見了。某天經過市場附近的小路，發現一間賣剉冰的小店還保留著老派冰果室的氣味，只是店內賣的熱食竟然不是雞絲麵或鍋燒麵，而是魷魚羹。

夏秋交接時節，雖然白天還有高溫，可是太陽下山之後，晚風吹來，已經有進入秋天的意思了。這時候，會想起冰果室的雞絲麵，當然，還有當年一起窩在冰果室耍廢的同學們，而今，我們都進入青春不再的熟年了。

為何美味不再

淡江人一回到淡水，照例要去吃黑店排骨，去吃海風餐廳的炒螃蟹，去吃原本在渡船頭而現在搬到中正路的可口魚丸。每個人習慣吃的阿給店家各擅勝場，也有人思念渡口那家賣米粉湯跟糯米腸的半坪屋，還有靠近小圓環的餛飩湯外加一杯桂花酸梅湯。

當年還是學生的時候，光是英專路那間沒什麼裝潢的大順合菜也覺得是人間美味。那個年頭的蝦捲只是岸邊一個小攤，黃昏夕照之中彷彿融進觀音山色裡，色階調整一下就成一幕侯孝賢電影的場景。阿婆鐵蛋真的是阿婆本人顧店，魚酥就要買媽祖廟旁邊的許義，他們的油炸花生也很銷魂。

這些美食餵養著當年生猛的青春口腹，摻著回憶一起醃漬入味。當真要說好吃，也不是那麼絕對，年輕氣盛的時候，胃口跟愛情的耐性一樣，都是無底洞。畢竟是吃回憶的，沒有回憶就稱不上難忘。要是跟沒有淡水記憶的人分享，立刻就被打槍，說這麼平常的食物哪稱得上美味。類似死心眼的意念會強烈捍衛這些記憶裡的美食，猶如捍衛那幾年安靜的淡水絕對比現在美。

後來，不知道是老闆換人，還是第二代第三代接手之後，某個環節差了幾釐米，總覺得沒有以前好吃，但也還不到不好吃的程度。會不會是因為年紀漸長，吃遍各種昂貴美食因此養刁了口舌，才覺得美味不再。過去的清淡是恰好，現在的清淡是無滋無味，以前吃起來盡興的厚重口味，現在變成挑剔的過於油膩。

當時可能是下課之後飢腸轆轆才吃到的排骨飯，或在多雨冬日蹺課去渡船頭喝那一碗熱呼呼的魚丸湯，或是趕在學校宿舍閉館之前，衝到清水街拎一碗當歸土虱回來當宵夜，昔日淡水戲院對面的小廟旁邊賣的芋頭酥是牽掛經年的心頭好，諸如此類的青春相遇猶如跟淡水談了一場美好初戀。現在覺得不若以往好吃，可能是年輕容易滿足，也可能是老了不易被討好，倘若有機會再吃一次學校側門親親麵包店的蛋糕吐司，只要一片就好，應該還是會潸然淚下，畢竟青春已經無法重來。

味覺啟蒙是複雜的成長大事，年輕的時候覺得什麼都好吃，成為大人之後覺得什麼都沒有以前好吃，這就是變老吧。

老人零食

在臉書看到不少人轉傳一則圖片訊息，標題大概是「長輩很愛，但其實不好吃的零食」。我記得圖片列舉出來的有沙琪瑪、麻粩、豬耳朵、薑糖、生仁與冬瓜糖。

吃食喜好原本就很主觀，何況有些零食真的是吃回憶與懷舊的，譬如我就覺得乖乖一定要吃五香口味，但現在的五香好像沒有以前的五香來得好吃。我猜想人類的舌頭對於味道的反應，會跟隨年齡增加而有所改變，因為家裡不吃辣，因此童年吃到五香乖乖直覺那就是刺激的重口味，往後吃遍四方，什麼樣的麻辣什麼樣的辛香，多少見識了，也就把舌頭養刁，說不定五香乖乖從來沒改變，改變的是我自己的味覺而已。

提到網路列舉的老人零食，不曉得我這樣的輩分算不算老人，對這些零食，我倒是有不同看法，嚴格說起來也不算是看法，而是對於味道的記憶反芻而已。

關於沙琪瑪，我家的說法是台語發音的「麵粉酥」，通常是在台南傳統訂婚六塊大餅才吃得到的點心。相較於其他漢餅如鳳梨酥、綠豆椪、烏豆沙、魯肉餅等古老口味，麵粉酥跟蛋糕就相對時髦，高級一點的麵粉酥還會摻葡萄乾，至於那個蛋糕，不是鬆軟口感，而是有點濕潤。大概到了大學北上生活之後，才知道麵粉酥有另一種說法叫做沙琪瑪，而且進化到單片小包裝。小時候吃訂婚大餅的麵粉酥，往往手一捏就碎開，還有點黏手，最後要用黏黏的手指把掉落在桌面的碎片沾起來，再塞進嘴巴裡，這是吃麵粉酥或大塊沙琪瑪的重要工夫。

至於麻粩，家裡大概都沿用台南將軍北埔阿嬤的台語說法「麻米粩」，最初印象應該跟拜拜有關係，但是在廟裡買來的麻粩並不好吃，咬起來很空虛，以前老是覺得拜過的東西不好吃，但是家裡長輩都說那是因為神明吃過了，主要是保庇，不是吃好吃的。我對這說法並非相信或不相信的問題，而是覺得信徒能用這種角度來敬畏神明，倒也不錯。

喜歡吃麻粩是長大之後的事，我對傳統的白芝麻與米香麻粩比較沒興趣，但是對於裹了厚厚一層花生粉與花生碎粒的花生麻粩十分熱愛，如果有杏仁麻粩那更是非入手不可。最愛的是基隆廟口的麻粩，淡水中正路老街的麻粩也在必吃名單中。麻粩也不是沒有缺點，很容易一口接一口，一個接一個，結果就是熱量爆表，我對麻粩真的毫無抵抗之力，如果喜歡吃麻粩就被定義為老人也沒關係，完全沒意見，心甘情願。

至於那個硬硬口感的豬耳朵，從小到大都說那是「露螺阿餅」，台語的露螺（lōo-lê）是蝸牛的意思，可能是因為餅乾的螺旋紋路類似蝸牛的背，這種餅乾很硬，對於剛長牙的小孩來說，是可以慢慢啃的口水餅。我住進大學宿舍被北部同學問說要不要吃豬耳朵時，以為是滷味攤那種切成薄片的豬耳朵，沒想到拿出來的竟然是「露螺阿餅」，好大的文化衝擊。

不管是豬耳朵還是露螺阿餅，小片的可以直接入口，大片的可以順著螺旋紋路掰開，小時候就察覺母親超會掰露螺阿餅，斷面一氣呵成，完全不會落下餅屑。這種餅乾在入口瞬間並沒有特別的味道，可是慢慢咀嚼，會有低調的香氣跑出來，可是吃多了，隔天會感覺嘴巴很痠，是露螺阿餅的最大副作用。

生仁不管是名稱還是造型都充滿謎，而且只有過年才出現，重點當然是裡面那顆花生，雖然有紅白兩色，但是小孩都喜歡搶紅色的生仁，最後用來招待客人的糖果盒，往往靠白色生仁撐場。生仁的重點不在好吃與否，而是討喜，小孩畢竟還是喜歡過年，生仁與寸棗之類的春節應景零食，很容易跟童年期待過年的心境劃上等號，只是往後的世代，或許沒有過年吃生仁寸棗的習慣了。

我與薑糖倒是沒有什麼交往，比較深刻的印象就是爸媽去遊覽回來，總是像變魔術一樣，從行李或口袋掏出薑糖，單顆包裝的，或是整包整罐的，而那些薑糖常常在家裡四處滾來滾去，到最後好像也沒被吃掉，到底去了什麼地方，成為謎。

至於冬瓜糖，我真的沒辦法，可能是怕甜，冬瓜糖又超級甜，有過咬下冬瓜糖瞬間，感覺牙齒都癱軟了，應該是心理作用，勉強不來。

不同世代，面臨年華老去的機會均等，譬如我的外甥女，說她最懷念的零嘴是菜脯餅跟鱈魚香絲，等到她成為長輩時，菜脯餅跟鱈魚香絲說不定就成為老人零食了。

阿嬤灶腳的蔥蒜味

早年阿嬤家的廚房，有一座磚頭砌起來的古老大灶，足夠放兩個大鍋，還有一個炊飯與燒開水的小爐。大灶連著一根煙囪，煙囪若是開始冒煙，代表阿嬤正在烹煮三餐，直到阿公過世之後，灶腳改建，才有瓦斯爐這種文明產物。

老人家的分工很奇特，阿公負責採買，阿嬤負責烹煮。我最常看到阿公去村子口賣菜的小販那裡帶回一大捆蔥或蒜。小時候我不太會分辨蒜仔與蔥仔，阿嬤說，蒜仔的頭比蔥仔大顆，綠色蒜尾是扁的，蔥尾則是圓而中空，聞味道區分也行，蒜仔跟蒜頭屬於同個派系，味道接近，但是蒜仔另有淡淡的清甜，蔥仔跟蒜頭蒜仔沒什麼關聯，但我起碼知道蔥仔有個親戚叫做紅蔥頭。

故鄉將軍北埔屬於鹽分地帶，應該是土質的關係，種出來的蔥蒜味道特別厲害。小時候以為的辣，就是蔥薑蒜這類的辣，家裡的餐桌幾乎不曾出現辣椒，我是長大以後，在學校附近的麵攤吃水餃，才嘗過生辣椒切碎的醬油蘸料，也才有機會體驗另一種層次的辣。

那時阿嬤還養雞，阿公買來的蔥，或鄰居送來田裡收成的蔥，就整捆紮緊，拿鍘刀切碎。我也不知道那究竟叫不叫鍘刀，總之一把長刀，一邊固定在木頭基座，另一邊有木頭柄，平日收起來放在神祕的地方，不准小孩拿來當玩具，怕不小心剁了小指頭。整捆蔥仔排放在木頭平台上，阿嬤一手握長刀，一手壓住蔥仔，一開一闔，一刀一刀切下，切碎的蔥花，滾落臉盆裡，摻入飼料，攪拌均勻，隨後阿嬤捧著臉盆去雞舍餵雞時，會發出有趣的雞叫聲。阿嬤說吃蔥的雞，抵抗力好，不容易感冒。

記得幾次午睡醒來，搬了小竹凳，坐在水槽旁，看阿嬤切蔥仔。蔥仔切得細細碎碎的，白白綠綠，水水潤潤，氣味很香，還不至於嗆。摻入飼料之後，阿嬤戴著玉鐲的手臂，在盆裡翻攪，我始終記得阿嬤手臂上的皺紋跟老人斑。

蒜仔則是入菜，而且是大量入菜，因此阿嬤的灶腳始終有股蒜仔味。遇到節日，大家都回來，灶腳可熱鬧了，總會有個媳婦要負責去切蒜仔，可能是阿姆、阿嬸，或是我媽。切蒜仔的過程很容易流眼淚，幾個媳婦就在那裡苦中作樂，揶揄切蒜仔掉淚的人是不是夫妻失和不夠幸福，講一些類似這樣的冷笑話。蒜仔的氣味有了主場優勢，我對鄉下老家各種菜色所留存的味覺記憶，幾乎都跟蒜仔有關係。

切蒜是有規矩的，斜切成薄片的，用來炒雞肉絲，也用來和豆薯剉籤做成蛋花湯。斜切成厚片的，就生吃，用來配香腸或烏魚子。切成小段的，拿來煮魷魚螺肉蒜和蚵仔湯，現在回想起來，應該就是「蒜仔全餐」了，就連農曆年的鹹粿，隔夜放涼之後，切成長條厚片，兩面煎到焦脆，最後淋上醬油，摻入大量蒜仔，稍稍拌炒一下，起鍋之後的氣味香得不得了，光是吃那些炒過的蒜仔，就理解什麼叫做齒頰留香。

可能是那好幾年的味覺養成，而今我自己做菜，蔥蒜也幾乎是常備，尤其天冷之後，蒜仔的品質特別好，拿來煮土魠魚頭，拿來做味噌湯，或用來炒小卷透抽。切得細碎的蒜仔則是拿來涼拌豆干或豬耳朵，也可以將豆腐切片煎過，加肉絲，淋少許醬油，加很多蒜仔，是很南部的吃法。

只要是低頭切蒜仔，聞到緩緩從指尖漫上來的蒜仔氣味，總會勾起兒時在阿嬤灶腳的那一幕幕料理的記憶。以前會拉起阿嬤滿是皺紋的手，跟阿嬤說，手指頭有蔥仔蒜仔味，阿嬤自己嗅一嗅，小小聲說，甘係洗手洗沒清去？

蔥蒜味，是阿嬤灶腳的味道，也是阿嬤的味道。

辦桌的魔幻菜色

提起辦桌，總會想起台南將軍鄉北埔村的老家三合院那場尾叔的婚禮，新嫁娘阿嬸很美，那時我跟一群小孩擠在新娘房的窗邊偷窺，阿嬸雙手掛著長輩送的金鐲子，從手腕到手肘，好像機器人一樣，放射出金屬感的光芒。她一人坐在房內也無聊，害羞揮手叫我們進去，大家卻一哄而散，從大廳衝到廂房，再回頭衝入飯廳灶腳。長輩男眷雙手插在西裝褲口袋，圍成幾個小圈圈聊天，女眷們或在水槽洗洗刷刷或忙著張羅謝神的牲禮，那是我記憶所及最早的一場辦桌喜宴。

前一天曬穀埕已經搭起棚子，雞舍旁的空地架起爐火大鍋，清早開始，廚子師傅率領一整個辦桌團隊，靠精準分工，開始煮水汆燙，炸魚熬湯，洗菜切菜兼雕花。那時還看不出宴席菜色的品項規模，大蒸鍋還未冒出白煙，食材的氣味還在前置期的原始芳甜，用來做紅蟳米糕的紅蟳還在大臉盆的樂園裡面張牙舞爪不知死活。

接近中午，就可看出約略的宴席餐盤布陣，大蒸鍋好幾層，陸續冒出香氣。食材烹煮的時間拿捏與出菜順序的冷熱協調，雖是孩童當時的我所無法理解的邏輯，卻是千錘百煉的師傅腦海最珍貴的武功祕笈。

等到正午開桌，小孩不知灌了多少黑松汽水，滿肚子漲氣，打嗝都有汽水的嗆與甜，但是看到冷盤端上來，還是會出現立刻撲上去搶幾片鮑魚和烏魚子的戰鬥力。

阿公年輕的時候專門幫村子裡的辦桌師傅採買，他也不識字，師傅開出來的菜色與分量，全部強記在腦子裡，靠雙腳步行到學甲菜市場採購。聽說古早時候，村子裡辦喜宴，客人前去喝喜酒時，都要從自家搬木頭長凳過去，吃完辦桌再扛回來，每每想起那畫面，就覺得可愛。

長大之後陸續吃過的辦桌不計其數，加上住家前方的巷子經常封街辦桌，鄰居娶媳婦嫁女兒或新居入厝請客，都是清早搭棚開始烹煮，路旁開啟大臉盆大口爐的戰鬥模式。宴席進行中的送菜收盤都很專業，菜尾立刻進入大鍋煮成羹湯，客人散去之後，宴客的主人捧著大鍋，逐戶按門鈴送菜尾，我們家都是準備最大口的鍋子去迎接菜尾，菜尾綜合各種酸甜鹹辣與燉煮雞湯的中藥味，運氣好的話，還可以撈到鮑魚或豬肚豬心或大蝦，那時又是一陣歡呼。

不吃高級飯店餐館的氣氛和分盤分菜的服務，而是新鮮食材加上手腕料理的硬碰硬，有時候還要搭配歌舞團表演或搭棚子唱卡拉OK，非常生猛的庶民氣味。大拜拜辦桌也一樣，聽說選舉募款餐會的菜色也不錯，我倒是沒吃過。

冷盤向來是我吃辦桌料理的最愛，雞捲肉捲鮑魚烏魚子透抽小章魚螺肉搭配涼筍蟳肉，烏魚子就要配青蒜或菜頭切片，鮑魚則是切成薄片蘸美乃滋，另有小碟子的蒜蓉薑汁醬油膏，或類似五味醬或黃芥末等等不同的選擇與規矩，整個冷盤就像海陸完備的嘉年華大遊行一樣，是厲害的先發第一棒。

若是結婚喜宴就會接著端上裹著花生糖粉的炸湯圓，是所謂的「百年好合」。如果是新居入厝，就會來一盤白斬雞，「起家」的意思。辦桌的白斬雞最能顯現廚子的功力，看似簡單，但是雞的肉質與油分，以及雞皮的韌度口感都要恰到好處，我從小就愛白斬雞蘸醬油，也不愛雞腿肉，搶得到雞翅最好，要不然就是背脊那幾塊帶骨的肉，運動量剛好，吃起來不柴也不至於軟爛，皮肉均衡，是我個人最愛。

紅蟳米糕是台南辦桌的固定菜色，夠聽話的小孩才分得到紅蟳殼，殼裡有滿滿的蟹膏蟹黃，厲害的就吃蟳腳。我很小就會吃蟳腳，懂得如何拉出完整光滑的蟳腳肉。至於那米糕因為吸飽紅蟳的鮮甜，比起一般的米糕要好吃翻倍，但頂多一小碗，吃多了，接下來的戰鬥力就弱了。

勾芡的羹湯是必要的，髮菜魚翅肉絲筍絲香菇加上火腿絲與香菜，澎湃得很。羹湯的要件是酸甜融合，不夠甜或不夠酸都不行。另有一大盅的中藥雞湯摻了豬肚豬心，雖然燙舌，但滋味特別好，講究一點的，雞湯裡面還可以撈到口感很好的鮑魚片。至於辦桌才吃得到的大蝦，就算清燙，那氣勢也夠奢華。

整尾魚的作法若不是清蒸，就是做成類似糖醋的五柳枝。炸一整盤肉丸花枝丸或甜的芋頭丸子根本是正面對決。古早以前還流行過一陣子炸雞腿，那時肯德基都還沒登台賣整桶炸雞，但吃完筵席上的那根雞腿可能也飽了。

也吃過炒鱔魚或烤鰻魚，或蒜頭清燉四腳魚，猛然夾起來就是青蛙的完整形體，有點嚇人，但滋味很不錯。青菜類其實很欠缺，多數是大片芥菜和干貝勾點薄芡，但吃辦桌原本就大魚大肉的，青菜多屬點綴，黃瓜胡蘿蔔則擔負雕花裝飾的任務，苛求不得。

上甜湯之前會先來一碗清水讓大家洗湯匙，同桌有人舀清水來喝，其他人憋住不笑，不好意思制止，畢竟那人說清水的滋味很不錯。

小時候吃辦桌最期待那種覆蓋整個大盤子的巨型布丁，連續挖好幾湯匙都不過癮，後來也有大盤子端上來滿滿的黃色圓盒小美冰淇淋，或一大盒杜老爺。真正講究的甜湯以蓮子紅棗桂圓白木耳為主流，也有倒扣成圓弧狀的芋泥。吃過甜的再上水果，總覺得水果不夠甜，這倒是瓶頸。

辦桌是搶時間的團隊實力，從搭棚子、擺桌椅、佈碗盤、配酒水瓜子糖果，都是學問。喜歡吃路邊或廟口或學校禮堂或社區活動中心的辦桌，但年齡和食量已經不像過去有辦法吃完全席還能打包回家，即使如此，還是鍾愛那些辦桌菜色，總覺得那是魔法變出來的料理，何況還帶有記憶調羹勾芡的黏度，已經超越料理的層次了。

吃冷飯

小時候，母親禁止我們吃冷飯。嚴格說起來，長大之後也一樣，不只冷飯，還包括冷菜冷湯都不准。她認為吃冷飯冷菜冷湯會胃痛，如果哪天喊肚子痛，她就會生氣，指責我們一定是吃到冷飯，喝到冷湯了。

對她來說，冷飯的最佳解決手段就是拿去炒飯，加了番茄醬的炒飯叫做紅飯，加了麻油薑的炒飯叫做麻油飯。我家的冷飯下場，不出這兩樣。

可能是基於主婦魂的偏執，母親認為端上桌的菜餚一定要「燒燙燙」，盛到碗裡的米飯要冒著熱氣，喝湯如果不燙舌，就整鍋再端去瓦斯爐加熱。

國中那幾年，有時候因為補習遲歸，若是留了飯菜，一定是放在大同電鍋裡面保溫。因為溫書遲睡，就煮水餃或把母親白天去菜市買的湯麵熱來吃，那段時間，不太有吃冷食當宵夜的經驗，那時的體質或說代謝能力很好，宵夜吃得再飽，還是瘦得跟竹竿一樣。

到了高中，週六雖然半天課，但是打掃完校園公共區域，再騎腳踏車出城，回到家裡大概都超過一點鐘，大人都在二樓午睡了，我就自己掀開餐桌那個好像蚊帳花紋的罩子，把飯鍋裡面的冷飯粒都刮乾淨，夾菜夾魚夾肉，一邊看李季準主持的綜藝節目《蓬萊仙島》，一邊吃冷飯。那一整年，母親倒是對我在週六中午吃冷飯冷菜不再有意見，但堅持湯必須回溫熱過，她的想法是，就算吃了冷飯冷菜，最後把熱湯灌進胃裡，比較沒問題。

北上讀書之後，偶爾在宿舍外面排隊打長途電話回家，母親還是會提醒，毋通呷清飯，呷清飯會胃痛喔！

台語說的清飯（tshìn-pn̄g），指的是隔餐放涼的剩飯，或隔夜冷飯。

於是想到小學遠足，母親會特別早起做海苔壽司，第一道程序就是做酸味醋飯，把整鍋熱騰騰的米飯放到電風扇前面，一邊攪拌壽司醋，一邊吹涼。壽司料只有小黃瓜、胡蘿蔔、蛋皮、肉鬆而已，捲得很扎實的壽司放在背包，到了中午拿出來吃的時候，海苔都變得黏黏軟軟的，可是冷掉的壽司飯那種酸甜恰好的滋味，還是很難忘。往後我在台灣吃壽司，倘若冷飯的酸味不夠，就覺得不對。但話說回來，母親幫我們準備海苔壽司時，倒是一次也沒提過不可以吃冷飯的禁忌。

後來，我倒是很愛吃冷飯，熱的米飯固然有無法超越的口感，但是冷飯的嚼感也有徐徐釋放的甜味，很低調，不張揚。夏天做冷醋飯已經是儀式了，有時候鋪上燻鮭魚，或是拌毛豆蝦仁，奢華一點的，就把烤鰻魚切成小塊，或加上各種顏色的海鮮，做成日本料理的散壽司飯。吃冷飯的時候，想到母親應該會嫌棄這飯吃起來冷吱吱，說不定立刻起身拿去大同電鍋蒸熱。

也很喜歡冷飯拌肉鬆，畢竟肉鬆遇到熱飯，立刻吸飽米飯的水氣，變成軟爛的口感，拌冷飯就沒這問題，保持了肉鬆的「鬆」，捏成飯糰更好。在淡水讀書的時候，常去側門水源街那條滿滿撞球間的巷子裡，買一家早餐店的糯米飯糰，傳統飯糰沒那麼多花樣，只有蘿蔔乾、肉鬆跟油條，那飯糰就放在書包裡面，偶爾拿出來咬一口，一個飯糰吃一整天，到了傍晚，都成冷飯糰了，可咀嚼起來還是很香。

三級警戒在家自肅期間，盡量午晚餐一次做好，中午擺盤吃熱飯熱菜，晚餐就吃冷飯冷菜，用的是國中以來就用慣的便當盒，晚上也不加熱了，學日本人吃冷便當。這種老派便當盒沒有「隔間」，菜汁肉汁或乾煎魚的油，只要緊緊依偎，原本分開的氣味就會融成一體，等到吃晚飯時，第一口就察覺它們的關係了。這時候的冷飯，吃起來特別微妙，彷彿是為著最後收尾才堅持到底，我特別喜歡把冷飯留到最後，沒有配菜，白白扒著飯，安安靜靜的，跟這一天餵養自己的食物，好好表達謝意。

但我以為好吃的冷飯或是清飯的定義很嚴格，必須是當天煮的飯，放涼之後在當天吃掉，如果因為過夜而放進冰箱冷藏，隔大或煮成鹹粥，或做成炒飯，像以前還在家，母親還掌廚的時候，隨時都可以把清飯熱炒成紅飯或麻油飯。

母親已經不做飯了，但她偶爾看到我吃冷飯冷菜，還是會囉唆幾句，命令我拿去回鍋炒一下或放在電鍋加熱，還是那句老話，呷清飯，會胃痛。我不再與她爭辯，默默把冷菜冷湯冷飯吃完，或重組成飯湯，然後問她要不要來半碗？她頂多吃一、兩口，還是堅持，熱熱的比較好吃。

以前叫做新鹹菜的雪裡紅

小時候隨母親去菜市場買菜，初次知道「新鹹菜」這菜名，著實嚇了一大跳，莫非以前吃的鹹菜，叫做「舊鹹菜」？

原本就很喜歡鹹菜蚵仔湯，醃過的鹹菜，介於鮮黃色與土黃色之間的色澤，也不必買一整顆，一片兩片，秤重零買。切成絲，與薑絲煮蚵仔湯，無須調味，靠鹹菜的酸與鹹，配上蚵仔的鮮與甜，就很美味。

也因此對於鹹菜的印象，就是濕潤而充滿皺摺。以前大人形容那種洗過的衣服沒有熨整燙平，彷彿「鹹菜」一樣，這麼一講，畫面就很立體了。

所以發現菜販的架上，竟然有所謂的「新鹹菜」，那真是好奇。與鹹菜不同的是，新鹹菜的綠，綠到生氣盎然那樣鮮明，店家早就將新鹹菜切好一公分左右的小段，用透明塑膠袋分裝，以紅色橡皮筋紮緊，裡面飽滿著空氣，一整袋胖鼓鼓的，恰好一小碟的分量。綠色新鹹菜之外，菜販還會貼心配上一根紅辣椒提味，那一抹紅，暗示了辣味的主權，也跟新鹹菜的綠，成為既衝突卻又討喜的配色。

新鹹菜捏乾水分，稍微炒一下，原本就有鹹度，也不必調味了。倒是那辣椒，讓母親有些掙扎，家人多數不吃辣，可是沒有辣椒那一抹紅，那盤新鹹菜的配色就不完美了。因此母親總是特別跟菜販叮嚀，附贈的辣椒，小辣即可，添色的用意就好。

微辣的新鹹菜，很下飯，我喜歡夾來鋪在白飯表層，白飯有了新綠的陪襯加上少許辣椒的紅點，好像一張夏日午睡醒來的容顏。

長大以後，到餐館吃飯，發現被當成餐前小菜的辣椒炒新鹹菜，原來有個美麗的名字叫做「雪裡紅」，這說法感覺起來就是身懷絕技的狠角色，彷彿章回小說裡面走出來的俠女。

出社會工作之後，偶爾跟同事相約去吃合菜，餐館服務生端來圓盤，要我們挑選小菜，我大概會搶先動手取走的那一盤，往往是叫做雪裡紅的新鹹菜。

新鹹菜畢竟是小芥菜醃製的，芥菜原本就略帶苦味，有人喜愛有人討厭，至今我仍找不到精準的字眼形容那滋味，總之，入口瞬間有稍許刺激，但咀嚼之後卻緩緩達成彼此和解的用意，大概是那種感覺。

母親晚年吃食的口味偏重，卻還是不吃辣，有時到外頭的餐館用餐，問她要不要吃一道小菜叫做雪裡紅，她說沒吃過，隨便啦，什麼都好。等到雪裡紅端上來，她嘴裡嘁了一聲，不就是新鹹菜嘛！

紹興酒的青春味

平常做菜喜歡用米酒調味，前幾日去鼎泰豐點了一盤炒青菜，入口之後，舌根一股微妙回甘，彷彿跌進時間黑洞裡。請教店員之後才知道，原來是紹興酒的滋味啊！

大學畢業之後，初入職場第一次商業應酬，臨時被部門主管找去湊人數，那個年代似乎很流行喝紹興酒，而且是稍稍溫過，還加了話梅的小盅紹興酒。席間當然避免不了大家互相敬酒，資深前輩提醒菜鳥職員不清楚自己酒力如何之前，喝小口就好，拚酒的場面就讓他們去擋。

聽從前輩指示，啜一小口如琥珀色般美麗的紹興酒，有話梅的酸甜味，似乎不賴。但也僅止於小酌，那紹興酒的滋味，成為職場交際往來的第一口酒精飲。

慢慢地，職場應酬場合也不流行喝紹興酒了，老派長官總是喝昂貴的洋酒，生猛的業務單位喜歡啤酒與高粱，朋友之間聚會喝紅酒居多，倒是去日本讀書那年，中途放假回台，問了日本老師喜歡什麼台灣伴手禮，老師毫不考慮就指定紹興酒，老師年輕的時候來過台北的國語日報學過中文，他說紹興酒等同於他的台灣鄉愁。

離開職場之後，已經沒有工作上的應酬了，若是一個人在家的夜晚，喜歡喝梅酒或罐裝的可爾必思沙瓦，山口縣出身的日本朋友推薦了獺祭，稍稍冰過，口感很好。為了思念幾年前在東京巨蛋親眼目睹鈴木一朗開轟的滋味，偶爾也會來一罐 Asahi Super Dry。

唯獨這紹興酒啊，留存舌根的記憶就這樣在步入中年之後沉澱入味了，也不曉得睽違多少年，竟然是名店入菜的提味，給了儼然是人生下半場的一口回春甘泉，美得不得了。滋味用美來形容，其實帶有畫面還有風霜，猛然就想起職場應酬那第一口酒，也不知自己酒量如何，小心翼翼，那一整晚飯局，僅僅一小杯，有部門前輩的體恤，還有同儕之間築下擋酒的一道防波堤，現在大家都老了吧，當年的革命情感，想起來都要大哭一場呢。

於是去鄰近超商帶了一罐紹興酒回來，炒菜時滴少許調味，也給自己溫上一小杯，缺一顆話梅，但也沒關係了。喝酒不開車，開車不喝酒，在家喝酒的好處是倒頭即可睡去，翌日醒來也就老了一天，昔日的青春證據存在體內，希望不要太快揮發。

安靜入味的漬物記憶

有關漬物的記憶是很安靜的。關於外婆、母親、三姑，以及日常餐桌，偶有的旅行途中，和我自己對於醃漬這件手作料理的實驗與冒險。諸如種種，一旦想起，總會在舌根最裡側，緩緩滲出回甘的滋味，那是記憶的反芻吧。

經常回想起外婆在高雄哈馬星住家的那個後院，面街的那側是舅舅的眼科診所，診間後面是家人日常作息的地方，長屋最後方的廚房不大，後院一角，則是另外搭建起來的浴間。院子水泥地，似乎有道細細的溝渠，從浴間流出來的肥皂水，有黑砂糖蜂蜜香皂微微的香氣。圍牆邊的陰涼處，整齊排列幾個不透光的甕，外婆不曉得跟哪位婦婆學做豆腐乳，她原本就是擅長料理的好手，做起漬物，尤其固執。那時我還未上學，不知為何，卻清楚記得外婆小心打開密封的蓋子，拿著乾淨長筷子，從甕裡夾出豆腐乳，筷子的使力跟平衡感都要拿捏得恰到好處，夾起來的豆腐乳才能維持光滑外表，既沒有筷子的印痕，也不會裂成小塊。豆腐乳放在醬油碟子，端上桌，算小菜，卻搶盡鋒頭。

豆腐乳用來配稀飯特別好，用筷子從豆腐乳邊緣「抿」一小塊，放入嘴裡，以上顎與舌頭輕輕擠壓，綿綿的豆腐乳就在舌上癱軟了，深邃的甘甜鹹味，在嘴裡熱鬧了起來，這時候扒一口稀飯，就好像屬性恰好的戀人相擁一般。每回吃稀飯，若沒看到桌上那一小碟豆腐乳，一定有人起身去拿那個從外婆家後院大甕分裝來的小罐豆腐乳，那是家人之間的默契。

那個「抿」的分量絕對是少少的才美味，倘若多了，在嘴裡的氣場太強，味道太濃，就不怎麼好吃了。我們家在清明吃潤餅的時候，會「抿」一小塊豆腐乳，塗在潤餅皮上，捲起來，豆腐乳就跟那些潤餅菜擁抱在一起了，毫無衝突，反而多了「甘」的層次。

但外婆最擅長的，倒不是豆腐乳，而是在冬天太陽底下曬過一個白天的菜頭皮。

冬天的菜頭特別好，菜頭切塊拿去煮排骨湯，菜頭皮就厚厚地削下來，拿個小盆，整齊排成一圈，放在陽光底下，曬一些日頭，也吹點涼風。日落之前收進來，揉洗過，切成小片，捏點鹽巴，再用一盆水壓著過一晚。隔天早晨，將菜頭皮生出來的水，用力捏乾，淋上溫水，再捏乾。最後以醬油和麻油調味，不時以筷子翻攪，讓全體菜頭皮都均勻入味。約莫到了晚餐時間，菜頭皮漬成漂亮的琥珀色，就行了。據說再放一日更好吃，但往往一餐就吃光，輪不到隔天再入味。

豆腐乳的工夫沒人學會，倒是醃菜頭皮的技術，從外婆傳到母親，再從母親傳到我手上，滋味是一代遜於一代，真不應該。

小時候常被母親差遣，清早拿著盤子，跑到大馬路邊，等路過的醬菜車。固定會挑的醬菜有冷豆腐，麵筋，和俗稱「竹仔枝」的醬油薑絲炒豆皮。比較特別的是糖漬的嫩薑，那嫩薑因為有甜味，原有的辣味就收斂了，原本薑的辣味就跟辣椒不同，薑的辣是清雅，辣椒的辣是奔放，醬菜車買來的甜薑切成薄片，配壽司也好。

三姑住在靠近南鯤鯓的一重港，屋前屋後都是蒜頭田，她常常搭興南客運，用包袱巾包裹著紅蓋子的玻璃罐，裡面是醃到入味的蒜頭，沒有去皮，也沒有剁成小顆粒，只要紅蓋子打開，飯廳就全是蒜頭味。我不敢吃，怕味道太嗆，倒是父母親都喜歡，說那蒜頭有甜味。這甜味的說法，我是如何都不相信。

三姑不只醃蒜頭，有時也送來醃生蚵，腥味跟鹹味都很重，我小時候竟然愛吃，還跟大人炫耀自己膽子大，不怕臭腥。

母親喜歡在夏天做涼拌小黃瓜。有時候切片，有時候切段之後輕輕拍，不至於碎的程度。只用鹽巴捏一捏，剁幾顆蒜頭，加一些薑絲，淋上水果醋和芝麻香油，就這麼簡單。後來我也學著做，還把餘下的醬汁拿來當冷麵線的蘸醬。

比較老派的燒臘店，會附送小包的醃漬紅白蘿蔔泡菜，胡蘿蔔白蘿蔔切成小塊，也只是酸味跟甜味而已，但是要入味又飽水，沒有生澀殘留，保有爽脆口感，非要經驗跟工夫不可。台北中山市場附近有間雙園燒臘，賣燒臘還擅長各類熟食小菜，他們附送的醃漬紅白蘿蔔又酸又甜，十足入味。有時候買到最後一盒燒鴨或油雞，因為要休息了，老闆就多給兩小包泡菜。我呢，感謝都還未說出口，舌根先滲出酸甜味，真是饞。

我喜歡日本旅行途中的旅館早餐，一整桌小碗小碟，根本是畫作。食物與碗碟的構圖，恰好的留白，更凸顯整桌菜色的繽紛。尤其漬物，不只一樣，各有特色。即使是台灣也常見的黃色醃菜頭，名為「たくあん」，卻有柴魚、昆布、柚子各種風味。茄子或小黃瓜也可切成薄片，以紫蘇入味。也有款冬、蕪菁、茗荷，或萬里風味的榨菜。我連納豆都愛，淋上柴魚醬汁，少許芥末，筷子用力拌，拉出長而黏稠的絲，鋪在熱熱的白飯上。這樣陣容澎湃的旅館朝食，配著窗外景色，即使滿桌飽滿的小碗小碟，完食也無問題。

有一陣子，因為看了NHK晨間劇《多謝款待》，很羨慕女主角有個米糠醬菜缸，恰好在日系超市發現整套醃漬醬菜的容器與米糠，立刻買來，按說明書，開始養「米糠床」。每日翻攪，有時埋一根小黃瓜，半根胡蘿蔔，一條茄子，有時放幾片高麗菜葉，半天或一晚，就可以從米糠床裡挖出來，撥開表面的米糠，切片擺盤，入口瞬間，竟有了身在日本旅館享用朝食的錯覺。

漬物至多就是餐桌上的一個淺碟，開胃也好，解膩也好，安安靜靜的，也不搶主食風采。漬物需要時間和耐心，等待是必要的，一旦醃漬入味，在嘴裡回甘起來可就深邃了。我喜歡那種滋味。

台南甜不甜

作　　者　米果
封面設計　Bianco
版型設計　Bianco
內頁排版　藍天圖物宣字社
責任編輯　王辰元
校　　對　聞若婷

發 行 人　蘇拾平
總 編 輯　蘇拾平
副總編輯　王辰元
資深主編　夏于翔
主　　編　李明瑾
業　　務　王綬晨、邱紹溢
行　　銷　曾曉玲、廖倚萱

出　　版　日出出版
　　　　　地址：台北市 105 松山區復興北路 333 號 11 樓之 4
　　　　　電話（02）2718-2001　傳真：（02）2718-1258
發　　行　大雁文化事業股份有限公司
　　　　　地址：台北市 105 松山區復興北路 333 號 11 樓之 4
　　　　　24 小時傳真服務（02）2718-1258
　　　　　Email：andbooks@andbooks.com.tw
　　　　　劃撥帳號：19983379　戶名：大雁文化事業股份有限公司

初版 1 刷　2023 年 3 月　初版 3 刷　2024 年 3 月
定　　價　420 元
I S B N　978-626-7261-28-6
I S B N　978-626-7261-27-9（EPUB）

國家圖書館出版品預行編目(CIP)資料

台南甜不甜／米果著. -- 初版. -- 臺北市：
日出出版：大雁文化事業股份有限公司
發行, 2023.03
　面；　公分
ISBN 978-626-7261-28-6（平裝）
1. 飲食風俗 2. 文化 3. 臺南市

538.7833　　　112002840